Herausgeber: Axel Steinbach

Im Schatten der Hexen ©

Geistmühle

Crime & Fantasy Bestseller Harz

Simone Detto – Heike Wolff

Die Raunächte

Mystische Nächte
Magische Rituale

Eine Reise durch die Rau(ch)nächte

*mit einem Vorwort und 12 Gedichten von Kathrin R. Hotowetz

~Im Schatten der Hexen~
Edition Leben & Natur

Simone Detto (Autorin)

Simone Detto wurde 1964 am Rand der Harzer Berge geboren. Ihre Großeltern lebten mit vielen Tieren auf einem einsamen Bauernhof. Als kleines Mädchen streifte sie mit ihrem Vater über die angrenzenden Wiesen und durch die Wälder. Von ihm lernte sie die Pflanzen der Wiesen und Wälder, Pilze, Sträucher und Bäume und die Sprache der Tiere kennen. So wurde sie zu einem respektvollen Umgang mit der Natur angeleitet. Nach der Geburt ihrer Tochter und einiger Zeit für die Familie wuchs in ihr der Wunsch, wieder mehr mit und in der Natur zu leben. Sie erlernte die Phytotherapie, altes Heilpflanzenwissen, Naturheilkunde, psychologische Astrologie, Destillierkunst und Kabbala. Dabei zog es sie auch immer wieder in die Berge der Alpen. Doch blieb sie ihrem geliebten Harz treu und gründete im Jahr 2000 die Kräuter- und Naturschule Simone Detto. Seitdem bildet sie interessierte Menschen in Kräuterheilkunde, Phytotherapie und Naturwissen in ihrer Kräuterschule aus. Ihr Buch „Die Kraft der Wurzeln" avancierte zum Bestseller, genauso wie die gemeinsame Publikation mit Kathrin Hotowetz unter dem Titel „Mystische Plätze – Magische Pflanzen". Heute lebt sie mit ihrem Mann an den Ausläufern des Harzes und betreibt dort auch ihre Kräuterschule. www.diekraeuterfrau.de

Heike Wolff (Illustratorin)

Heike Wolff wurde 1967 in Quedlinburg geboren und wuchs in dem Harzer Künstlerdorf Molmerswende auf einem Bauernhof mit großem Garten auf. Seit ihrer Kindheit spielte Kreativität eine große Rolle und der Wunsch Bilder zu malen war zeitig vorhanden. Nach dem Erlernen eines handwerklichen Berufes studierte sie Hochbau an der Fachhochschule in Erfurt. Wendebedingt war eine berufliche Neuorientierung in Potsdam möglich, wo sie mit ihrem Mann und Sohn bis 1995 wohnte. Es gab dort erste kleine Ausstellungen und an der Fachhochschule für Design besuchte sie 4 Semester freie Kurse und nahm an der Sommerakademie der Freien Kunstschule Berlin teil. Mit dem Umzug zurück in den Harz war es möglich, sich der Malerei noch intensiver zu widmen, dabei ist die liebliche Landschaft immer Vorbild, die sie in kräftigen Farben umsetzt und auch oft mit magischen Elementen versieht. Im Jahr 2000 wurde der ausgebaute Dachboden zum eigenen Atelier und erste Veranstaltungen konnten auf dem Kunsthof Molmerswende organisiert werden. Seit dem Ausbau des benachbarten Landhauses LIWET bietet sie die Möglichkeit zur Übernachtung und Teilnahme an ihren Kursen im eigenen Atelier. Heike Wolffs künstlerische Arbeit hat sich über die 20 Jahre immer wieder verändert. Sie wird beeinflusst von den Jahreszeiten, eigenen Stimmungen und Erlebten, von der Natur und den zarten Zwischenwelten, die sie durch die Sichtweise ihrer Tochter mitempfinden konnte. www.heikewolff.de

Kathrin R. Hotowetz (Vorwort/Gedichte)

Kathrin R. Hotowetz, studierte Agraringenieurin, ist hauptberuflich als Schriftstellerin tätig. Die gebürtige Halberstädterin wurde 2021 in ihrer Heimatstadt zur „Persönlichkeit des Jahres" ausgezeichnet. Durch Erwerb und Renovierung einer geschichtsträchtigen Klostermühle im Harz und ihr besonderes Interesse an der heimischen Heilkräuterkunde wurde sie zu ihre Bestsellerreihe "Im Schatten der Hexen" inspiriert. Kathrin R. Hotowetz lebt mit ihrem Mann im Landkreis Harz. Neben ihrer Autoren- und Verlagstätigkeit vermietet sie Ferienwohnungen in der historischen Geistmühle am See in Halberstadt. Sie ist in verschiedenen Eventformaten zu ihrer Erlebnisliteratur Bestsellerreihe ~Im Schatten der Hexen~ engagiert und war schon in verschiedenen TV-Produktionen zu sehen. www.geistmuehle.de www.imschattenderhexen.de / www.eibenspiegel.de / www.dasversunkeneheiligtum.de /

Heike Wolff – Kathrin R. Hotowetz – Axel Steinbach – Simone Detto

Impressum

Verlag Geistmühle Kathrin Hotowetz
Herausgeber: Axel Steinbach
3. Auflage - September 2024
ISBN: 978-3-943455-43-4

Druck: TZ-VERLAG & PRINT GMBH | TZ-VERLAG.DE
klimaneutral Unternehmen
natureOffice.com | JMY-BSC-423071
PAPIER AUS NACHHALTIGER FORSTWIRTSCHAFT TZ-PRINT.DE

Autorin / Texte: Simone Detto

Zeichnungen: Heike Wolff

Gedichte, Vorwort: Kathrin R. Hotowetz

Satz / Gestaltung / Bildbearbeitung: Axel Steinbach
Fotografien: Frank Wolff. Axel Steinbach
Bild Arbocusta, S.1: Ivonne Resigkeit

Dieses Buch ist sorgsam recherchiert worden. Trotzdem sind alle Angaben ohne Gewähr und weder Verlag, Herausgeber, noch Autorinnen haften für eventuelle Schäden, die aus den im Buch gemachten Hinweisen, Bildern oder anderen Gründen möglicherweise entstehen. Bei allen Anwendungen ist zu Risiken und Nebenwirkungen vorher ein Arzt oder Apotheker zu fragen, deren Ratschläge dazu zu beachten und eigenverantwortlich zu behandeln sind, besonders bei dauerhafter Einnahme von Medikamenten. Insbesondere ist bei der Nutzung von Rezepten und Kräuterrezepturen auch auf Wechselwirkungen, Unverträglichkeiten und Allergien zu achten. Bei Erkundungen erwähnter Plätze und Orte ist unbedingt die hierzu erforderliche Sorgfalt bei Ausflügen in entsprechende, oft schwer zugängliche, Gebiete zu beachten. Die dort geltenden Regeln und Vorschriften sind einzuhalten.

Literatur-/ Quellenverzeichnis

Jeanne Ruland
Das Geheimnis der Raunächte
2009, Schirner Verlag

Vera Griebert-Schröder und Franziska Muri
Vom Zauber der Rauhnächte
2012, Irisana-Verlag

Nadine Stegelmeier
Rauhnächte
2018, Camino-Verlag

Maren Schneider
Achtsam durch die Rauhnächte
2017, O. W. Barth

Gedicht / Lied Jul – Wintersonnenwende
Version von Hilde Brun

Die Strophen 1 und 4 sind nur leicht abgewandelt, nach der deutschen Version eines ungarischen Volksliedes. Die Strophen 2 und 3 sind für diese Jul-Version nach der Völuspa von Hilde Brun dazu gedichtet. Dieses Lied von Hilde Brun ist bei YouTube zu hören.

3 Gedichte von Rainer Maria Rilke

Geistmühle Verlag K. Hotowetz
Am Anger 2 , Geistmühle am See, 38820 Halberstadt
E-Mail: verlag@geistmuehle.de / www.geistmuehle.de

Inhalt

Mystische Nächte - Magische Rituale

Eine Reise durch die Rau(ch)nächte

Gedicht

Jul –Wintersonnenwende

Flackerndes Feuer, Wälder, die träumen,
ruh'loser Nachtwind, fern in den Bäumen.
Schür' die Glut und lass das Feuer nicht vergehen,
über's Jahr erst werden wir ein neues sehen.

Still ruht das Rad, denn Jul ist es wieder,
Dämm'rung der Götter senkte sich nieder,
wie die Drei es woben in uralten Zeiten,
wissend dort am Brunnen die Geschicke leiten.

Bald schon wird's Licht, die Götter kehr'n wieder
Baldur kehrt heim, die Lose legt Hönir,
steigen Lande aus den Fluten frisch ergrünend,
halten Asen Rat im Lande gold erglühend.

Flackerndes Feuer, Wälder die träumen,
ruh'loser Nachtwind fern in den Bäumen.
Schür die Glut und lass das Feuer nicht vergehen,
erst in zwölfen werden wir ein neues sehen.

Volkslied in der Version von Hilde Bruhn

Vorwort

von

Kathrin R. Hotowetz

Vorwort

Liebe Leserinnen und Leser,

seit zehn Jahren erscheinen nun in unregelmäßigen Abständen die Bücher aus der Reihe „Im Schatten der Hexen“.

In diesen zehn Jahren hat mir die umfangreiche Recherche zu den Büchern so viele Geheimnisse und Mysterien meiner Heimat offenbart, dass ich immer wieder ergriffen, erstaunt, bewegt und vor allem dankbar bin, diesen verborgenen Schatz wieder für mich und vielleicht auch für Sie neu entdecken zu dürfen. Es ist im Laufe der Zeit so vieles verloren gegangen, dennoch zeigten mir die Reaktionen der Leser und Leserinnen, dass unendlich viel von den alten Legenden und Ritualen wohlbehütet in unseren Genen steckt, sich unser Unterbewusstsein meldet und wir seltsam vertraut mit den alten Legenden und Geschichten zu sein scheinen.

Unser übergeordnetes Selbst, auch als kollektives Unterbewusstsein bekannt, kann sich offensichtlich an viel mehr erinnern, als wir glauben. Und so leiden und leben wir mit den Romanfiguren, als ob wir dabei gewesen wären, als wäre alles genauso wirklich passiert. Wir empfinden vieles davon als wahr oder zumindest als möglich, auch die Dinge, die manche als esoterisch, unerklärlich oder als reine Fantasie bezeichnen würden.

Durch den Zugang zu den Pflanzen und ihren alten mythischen Wurzeln war es mir möglich, an diesen inneren Schatz zu gelangen und Jahr um Jahr stellte ich fest, dass sich hinter jeder neuen Erkenntnis eine weitere, noch tiefer gelegene, verbarg und voller Staunen erkannte ich, dass meine Heimat, die Harzregion, so viel mehr war, als dass, was ich bisher von ihr wusste.

Manchmal hielt ich den Atem an, wenn ich wieder auf ein Geheimnis, auf einen verborgenen Zusammenhang zu anderen Religionen, Regionen oder Mysterien stieß.

Ich begriff, dass auch einige, von den Ahnen verehrten Zahlen, eine tief innenwohnende Logik und vor allem Mystik, enthalten. Instinktiv wählte ich im ersten Buch ‚Hexenring‘ den Zeitraum von 333 Jahren, zwölf Hexen und einen dreizehnten Fixpunkt, den Blutrubin, ohne zu ahnen, dass ich hier grundlegende Mysterien heraufbeschwor. Auch die Zahl einundzwanzig ist mir immer wieder in überlieferten Mysterien, Legenden und bei vielen Glaubenssätzen der alten Völker begegnet. Die Seele eines Menschen soll 21 Gramm wiegen. Das kann man wohl in der Stunde seines Todes messen. Genau in dem Moment, wo sich die eigene Seele wieder mit denen der Ahnen verbindet.

Ich habe viel gelernt über diese Ahnengeister und bin immer noch erstaunt, wie sehr unsere längst verblichenen Vorfahren diese verehrten.

Die sogenannten Naturvölker, wie die Aborigines oder auch die indigenen Völker Amerikas und Afrikas, haben tiefsten Respekt und Ehrfurcht vor den Verstorbenen. Wir haben fast vergessen, dass wir auch solch ein Naturvolk waren, denn ein tiefer Naturglaube prägte unser Leben. Auch wir sind ein indigenes Volk und auch wir verehrten unsere Ahnen in Geschichten von Göttern und Menschen und fürchteten uns vor der Anderswelt; einem Ort, den wir nicht kannten und nicht betreten durften, es sei denn, wir waren Zauberfrauen, Hagadissen oder Druiden, welche den geheimen Zugang zu diesen Welten wussten.

Doch nur Eingeweihten war es gestattet, diesen Weg zu beschreiten.

Aber auch die einfachen Menschen wussten, dass an bestimmten Tagen der Schleier zwischen diesen Welten dünn war und es dann passieren konnte, dass uns die alten Geister und auch Götter besuchten. Gute, aber auch böse.

In diesen rauen Nächten jagten sie durch die Luft und versetzten alle in Angst und Schrecken. Um diese mystische Zeit dreht sich dieses Buch.

Mit dem dritten Teil „Die Ahnenreise“ betrat ich die alte Welt unserer Vorfahren und machte die unglaubliche Erfahrung, dass hier im Harz diese alten Geschichten durchaus lebendig sind. Sie versteckten sich in überlieferten Sagen, wie die von der Roßtrappe und dem Mägdesprung, die unzweifelhaft von Riesen erzählen. Geschichten von Zwergen gibt es hier mehr als genug, auch die von guten und bösen Waldgeistern. Und wussten Sie, dass es in Altenbrak noch eine uralte Tradition gibt, in der am ersten Weihnachtstag in aller Frühe, wenn es noch dunkel ist, die sogenannten Weihnachtsmänner peitschenknallend und Lärm machend, unerkannt durch die Straßen ziehen? Männer, mit Schellen und Peitschen bewaffnet, laufen durch den Ort, um die bösen Geister zu vertreiben.

Dieser Brauch ist ein Überbleibsel einer uralten heidnischen Tradition, wo die wilde Jagd in den Raunächten noch einen hohen Stellenwert hatte. Solche Traditionen kennen wir u.a. noch aus Bayern, doch auch hier in unserer Heimat gab und gibt es so etwas.

Die Menschen des Harzes, die Köhler, Holzfäller und Kiepenfrauen trugen sie durch die Zeit und auch wenn wir die ursprünglichen Zusammenhänge heute vergessen haben, erinnern sie doch alle an die alten Göttergeschichten und die neun Welten unserer Ahnen.

Sie teilten ihre Lebenswirklichkeit in diese Welt auf, siedelten die neun Welten auf ihrem Weltenbaum an und genau daraus entstanden später unsere Sagen und Legenden.

Diese alte Welt ist im Harz unterschwellig immer zu spüren. Man kann es oft nicht benennen oder erklären, aber sowie man den Harz betritt, in ihn eintaucht, kann man es fühlen. Dieses Gebirge tarnt sich gut, erscheint manchmal etwas langweilig, aber das ist nur Täuschung. Im Gegenteil, diese Berge leben und beobachten uns. Wenn Sie dem Geflüster des Waldes und Ihrer inneren Stimme lauschen, werden Sie ihn verstehen und er wird Ihnen die gleichen Geheimnisse zuraunen wie mir.

Simone Detto, die wissensreiche Kräuterfrau und Autorin dieses Buches, kenne ich seit über zehn Jahren. Ich absolvierte bei ihr meine erste Kräuterausbildung und seitdem weiß ich; sie ist meine Muse.

Ihre wunderbare Art, das Wissen um die alten Kräuter zu vermitteln, hat bei mir viele Türen ins Unbewusste geöffnet.

Die Tür zu dem erklärbaren Wissen um die Pflanzen, aber auch vor allem den Weg in die geistige Welt der Kräuter, Bäume und aller sonstigen Wesenheiten der Natur.

Auch ich spürte schon als Kind eine enge Verbundenheit mit den Dingen zwischen Himmel und Erde, erzählte schon als Kind gern Gruselgeschichten und Märchen. Heute weiß ich, dass auch die Geschichte um Gerda Hoffmann und ihre Familie bereits in meinem Inneren schlummerte und nur hervorgelockt werden musste.

Und dabei hat mir Simone geholfen.

Heute verbindet mich mit ihr eine enge Freundschaft und als immer wieder aufgrund der Romane oder der Kamingeschichten Anfragen zu den magischen Nächten zwischen den Jahren bei uns ankamen, haben wir Simones Anregung, ihr umfangreiches Wissen dazu mit Ihnen zu teilen, gern aufgenommen.

Immer wieder gibt es zu den angeschnittenen Themen der „Im Schatten der Hexen“ Romane tiefergreifende Erkenntnisse und Wissenswertes, für das die Bücher einfach nicht erschöpfend genug sind.

Diese Themengebiete sind einfach zu umfangreich, um in einem Spannungsroman ausreichend zu Wort zu kommen.

Simone Detto hat in den vielen Jahren ihrer Tätigkeit unzählige Seminare und Lehrgänge besucht, hatte unglaubliche Lehrer und Lehrerinnen, wie Doris Grappendorf, Susanne Fischer-Rizzi oder auch Wolf-Dieter Storl. Ein unglaublicher Mann und Pflanzenmystiker, den ich hoch verehre und von dem ich gelernt habe, größer zu denken und hinter die Dinge zu sehen.

Simone Detto möchte diesen Wissensschatz mit uns teilen und sie hat eine gute Freundin, Heike Wolff, gebeten, für dieses besondere Buch einzigartige Bilder zu malen und zu gestalten.

Heike Wolff wohnt im Südharz in Molmerswende und betreibt dort in einem Kunsthof ihr Atelier.

Sie hat mit unglaublicher Liebe zum Detail die Bilder dieses Buches gemalt. Aufwendig und manchmal wie in einem Puzzle kann man auch in diesen Zeichnungen hinter den Schleier blicken und die Welt hinter der Welt erkennen.

Können Sie es auch entdecken?

Wir alle möchten, dass das alte Wissen unserer Vorfahren nicht untergeht und wir die Geheimnisse unserer Ahnen wieder neu entdecken können und dadurch bewahren.

Wir möchten unseren Beitrag dazu leisten und wenn Sie dieses Buch lesen und vielleicht sogar weiter geben oder verschenken, können wir alle dazu beitragen, diese wunderbare Welt reicher zu machen.

Ich wünsche Ihnen mit dieser Lektüre aus unserer Reihe „Im Schatten der Hexen - Edition Leben & Natur“ ganz viel Spaß.

Probieren Sie viel davon aus, haben Sie keine Angst etwas falsch zu machen, denn es kann Ihnen nur neue Erkenntnisse und Erfahrungen bringen und Sie werden so manches Geheimnis dahinter entdecken.

Herzlichst

Ihre Kathrin R. Hotowetz

Die hohen Tannen

Die hohen Tannen atmen heiser im Winterschnee,
und bauschiger schmiegt sich sein Glanz um alle Reiser.
Die weißen Wege werden leiser,
die trauten Stuben lauschiger.

Rainer Maria Rilke

Einleitende Worte

von

Simone Detto

Einleitende Worte

Meine Großeltern väterlicherseits lebten und arbeiteten auf einem alten Bauernhof, der Engelsburg. Dieser alte Hof lag inmitten von Wäldern, Wiesen und Feldern, weitab der Städte. Auf diesem Hof herrschte immer geschäftiges Treiben.

Das ganze Jahr über wurde gesät, die Felder abgeerntet und später der Hof für Hausschlachtungen hergerichtet. Erst in der Vorweihnachtszeit wurde es auf dem großelterlichen Hof ruhiger. Wenn wir Kinder in der Weihnachtszeit zu Besuch kamen, spürten wir immer eine ganz besondere Stimmung. Jeder hatte das Gefühl, in eine andere Zeit gerutscht zu sein, obwohl wir es nicht benennen konnten.

So ruhig und besinnlich ging es dort sonst nie zu. Meine Oma, eine fleißige und gläubige Bäuerin, die von morgens bis zum späten Abend mit dem Versorgen von Mensch und Tier und den Vorbereitungen für den nächsten Tag beschäftigt war, zündete eine Kerze an und erzählte uns Geschichten von armen Mädchen und dunklen Gestalten, die uns manchmal gruselten. An solchen dunklen Nachmittagen saßen die Erwachsenen des Hofes bis in den Abend hinein bei Punsch oder heißem Tee und erzählten Geschichten. Wenn wir dann auf der alten Ofenbank saßen, der alte Kachelofen wohlige Wärme spendete, die Kerzen angezündet wurden und der kalte Ostwind mit Schneeschauern um die Engelsburg jagte, dann war das wirklich eine magische Zeit.

Wir Kinder lauschten mit offenen Ohren und großen Augen den Erzählungen der Alten. Wir saßen ganz still, um ja nicht bemerkt zu werden und ins Bett zu müssen. Sobald die Kerzen angezündet waren, wurden rotbackige Äpfel geschält und die Abende voller Märchen und mystischer Geschichten begannen. Irgendwann in dieser Winterzeit, wurde eine flache Pfanne mit langem Stiel hervorgeholt. An dieser Pfanne hatten wir Kinder wohl das meiste Interesse. Aus dem Küchenofen, in dem das Feuer nie ausging, weil auf ihm gekocht und das Wasser für die Familie und die Bauernwirtschaft heiß gehalten wurde, entnahm mein Großvater Josef einige Glutstücke und legte sie in diese Pfanne. Auf die glühende Kohle legte er getrocknete Kräuter, die in großen Gläsern aufbewahrt wurden.

Meine Oma sammelte die Kräuter für ihre Teemischungen immer selbst. In einem zweiten Glas wurden die Kräuter für die Räuchermischungen gelagert. An solchen dunklen Abenden wurde der Hof von meinem Opa ausgeräuchert. Er ging mit dieser rauchenden Pfanne durch die Ställe und das Bauernhaus.

Meine Oma machte sich mitunter Notizen in ein altes abgegriffenes Notizbuch. Als ich einmal das Büchlein mit den losen Seiten auf ihrem Nachttisch entdeckte, erzählte sie mir, dass sie darin ihre Träume und die Ereignisse des Tages notierte. Ich machte mir als Kind wenig Gedanken darüber. Ich verstand nur, dass im Winter weniger Arbeit auf dem Hof war und wir deshalb mehr Zeit füreinander hatten, eine besondere Zeit eben, die wir alle so gerne mochten.

Noch heute macht sich ein wohliges Gefühl der Geborgenheit bei mir breit, wenn ich an diese Kindheitserinnerungen zurückdenke. Diese Stimmung, diese Ruhe auf dem geschäftigen Hof, so lauschig, besinnlich und kuschelig, die gab es nur in den Tagen zwischen den Jahren. So wurde die Zeit zwischen den Weihnachtstagen und dem neuen Jahr bei uns genannt.

Meine Großeltern sind vor vielen Jahren verstorben. Diese alten Bräuche wurden in meiner Familie nicht weitergeführt und gerieten somit in Vergessenheit.

Als ich einige Jahrzehnte später die Arbeit in meiner Kräuterschule begann und mehrere großartige Kräuter- und Naturausbildungen in den Tiroler Bergen, im Allgäu und im Chiemgau absolvierte, hörte ich das erste Mal wieder von dem alten Brauch.

Ich wusste zwar damals noch nicht, was es genau war, doch sofort erwachten die Bilder in meinem Kopf aus meiner eigenen Kindheit auf der Engelsburg. So wurden im Laufe der Zeit die Bilder aus meiner Kindheit, gepaart mit den Erzählungen der "Bergler", zu einem großen Ganzen.

In den Bergen sind Weihnachts- und Raunachtsbräuche immer noch tief verwurzelt. Sie gehören zum Kulturgut und werden zelebriert und weitergegeben. Hier in unseren Harzer Bergen war das sicher früher ein weitaus größerer Bestandteil des Lebens, als wir es uns heute vorstellen können.

Vieles davon ist leider in Vergessenheit geraten und wurde, wie bei mir, nicht weitergegeben. Wir leben heute in einer entzauberten Welt. Wir wollen die kleinen und großen Wunder nicht mehr sehen, weil wir sie nicht erklären können, weil uns die Worte dafür fehlen. Wir brauchen heute Zahlen, um zu beweisen.

Doch es gibt Dinge, die wir einfach nicht logisch erklären können, nicht jetzt. Meine verblassten Erinnerungen bekamen jedoch langsam wieder Farbe. Aber da lagen so viele Jahre dazwischen und möglicher Weise waren meine Erinnerungen doch verblasst.

So machte ich mich auf die Suche nach den vergessenen magischen Nächten, nach der Zeit zwischen den Jahren. Die alten überlieferten Sitten und Gebräuche wieder aufleben zu lassen, einzutauchen in die alten Rituale, mich verzaubern zu lassen von den magischen Nächten und die Stille zwischen den Jahren zu genießen, das war mein Ziel.

Im letzten Jahr hatten wir alle eine ganz besondere Situation, die meinem Raunachtsprojekt in die Karten spielte.

Eine Weihnachtssituation, vollkommen ungewohnt.

Wir konnten durch die äußeren Einflüsse an den Weihnachtstagen und an Silvester nur im kleinen Kreis zusammen sein.
Große Feiern waren nicht erlaubt, die Gastronomie musste ihre Tore schließen und so gab es bei ganz vielen Menschen deutlich weniger "Weihnachtsstress".

Das war sehr eigenartig, hatte aber auch einige Vorteile.

Man hatte viel Zeit für Besinnlichkeit, für Ruhe und die Chance auf ein Weihnachten, wie es einst gedacht war. So lange wollte ich ein Seminar zum Thema Raunächte anbieten und nie war Zeit dafür.

Immer wieder wurden meine Seminarpläne durch die Vorbereitungen auf das Weihnachtsfest durchkreuzt.

Jetzt war nun scheinbar endlich die Zeit dafür gekommen. Relativ unerfahren mit Online- oder Fern-Kursen führte ich einen Fernkurs durch und die Resonanz war überwältigend.

Nun ist es September und die Herbsttag- und Nachtgleiche naht. Diese Zeit verbringe ich gerade im Urlaub in den Bergen des Dachsteingebirges in Österreich und lese die Zeilen meines Rau(ch)nachtbuches Korrektur.

Wenn ich meinen Blick aus meiner provisorischen Schreibstube hebe, sehe ich aus meinem Fenster die fast 3000m hohen Felswände.
Diese Berge sind so kraftvoll und ich empfinde eine so tiefe Verbindung zu ihnen. In den Alpen wurden die Erinnerungen aus meiner Kindheit wieder zum Leben erweckt und in den Bergen schreibe ich die letzten Worte an diesem Buch.

Hier schließt sich nun der Kreis, der Kreis für die Raunächte.

Und jetzt würde ich Sie gerne auf die Reise durch die magischen Nächte mitnehmen.

Lassen Sie uns eintauchen in die alten Rituale, lassen wir uns verzaubern von den Tagen zwischen den Jahren und diese stille Zeit genießen.

Wir können den Zauber wieder entdecken und am alten Brauchtum anknüpfen.

Zelebrieren Sie diese stille Zeit für sich alleine oder mit Familie und Kindern, damit wir das alte Wissen weitergeben und nicht vergessen.

In diesem Sinne:

**Halte alles für möglich,
aber erwarte nichts!**

Eigene Notizen

zum folgenden Thema

Die Magische Zeit

3.

Die magische Zeit

Unsere Vorfahren feierten im Verlauf eines Sonnenjahrs vier große Eckpunkte im Jahreskreis.

Die beiden größten Feste waren dabei die Sonnenwenden im Sommer und im Winter. Jedesmal wenn die Sonne ihren Wendepunkt erreicht hatte, wurde sie gefeiert. Man wusste schon damals sehr genau, dass die Sonne, genau wie der Mond, einen großen Einfluss auf das Leben und die Natur hat.

Es heißt, dass Mutter Erde am 21.06. kurz den Atem, der die Natur anfeuert, anhält, um dann langsam bis zur Wintersonnenwende einzuatmen. Sie holt die Energie zurück, die Natur zieht sich langsam zurück. Am 21.12. am Tag der Wintersonnenwende, dem kürzesten Tag und der längsten Nacht ist es ähnlich. Mutter Natur hält mit dem Beginn der Raunächte den Atem kurz an, um dann wieder ganz langsam auszuatmen. Damit befeuert sie die Natur. Die Samen beginnen tief in der Erde aufzuwachen, um dann, einige Wochen später, anzufangen zu keimen. Dieser Aus-Atemrhythmus geht dann wieder bis zur Sommersonnenwende am 21.06., dann atmet sie wieder ein.

Fast datumsgleich wurden diese alten keltischen Feste nach der Christianisierung von der Kirche übernommen.

Aus der Sommersonnenwende am 21.06. wurde der Johannistag am 24.06. Das alte "Hochfest" der Wintersonnenwende, dass Fest zum Ende der Dunkelheit zur Wiedergeburt der Sonne, steht fast deckungsgleich mit unserem Weihnachtsfest.
Das Symbol ist das gleiche.
Früher feierte man die Rückkehr oder die Geburt des Lichtes. Dem christlichen Glauben entsprechend feiern wir an Weihnachten die Geburt Christi, die Rückkehr des Lichtes und der Hoffnung.
In der letzten Oktobernacht begingen unsere Vorfahren das Fest Samhain.
Es war ein Fest zu Ehren der Ahnen, die nun an unsere Seite treten und uns mit ihrem Wissen aber auch mit ihrer Liebe und Kraft beiseite stehen. Es ist die Schwelle in die dunkle Zeit. Schon mit Samhain (heute bekannt als Halloween) beginnt die eigentliche Winterenergie, die Energie der dunklen Zeit.
Von diesem Zeitpunkt an sind die Tore in die Anderswelt weit geöffnet. Von nun an kann man mit den Ahnen in der anderen Welt leichter in Kontakt treten. Unsere Altvorderen deckten für sie einen Platz an der Essenstafel ein, um einmal im Jahr gemeinsam mit ihnen zu speisen. Aber auch böse Geister trieben

des Nachts ihr Unwesen. Der Brauch, der sich bis heute gehalten hat, (ausgehölte) Kürbisse oder Rüben mit Fratzengesichtern und leuchtenden Kerzen vor die Haustür oder in Fenster zu stellen, stammt aus dieser Zeit. Diese sollten die wilden, bösen Kreaturen abschrecken und ihnen Einhalt beim Eintritt in die Häuser gebieten.

Dieser Brauch zog sich bis in die Kräuterheilkunde hinein. Kräuterkundige wissen, dass bis Samhain die Ernte der heilenden Pflanzen und Wurzeln vollbracht sein muss. Mutter Natur mit ihren Wesenheiten und guten Naturgeistern möchte ihren Platz wieder für sich alleine haben. Die Natur liegt brach, sie beginnt sich zurückzuziehen. Ein Wurzelgraben oder Ernten ist nicht mehr möglich. Das ist eine alte Tradition und ich versuche meinen Schülerinnen immer, das alte große Wissen mitzugeben und es respektvoll weiterzugeben.

In unserer heutigen schnelllebigen Zeit spüren wir nicht mehr so genau, was in der Natur passiert. Wir drehen unsere Heizungsanlagen hoch, schalten das Licht an und haben zu allen Tages- und Nachtzeiten fließendes warmes Wasser.

Das Leben früher war dagegen anstrengender. Allerdings haben sich die Menschen damals einen großen Naturwissensschatz angeeignet und in der Familie weitergegeben. Man wusste welche Pflanzen, Wurzeln und Beeren zu Speisen oder Heilzwecken verarbeitet werden konnten. Es gab in jeder Familie traditionelle Rezepte mit Heilschnäpsen oder anderen Kräuteranwendungen. Die Gesunderhaltung von Mensch und Tier stand immer im Vordergrund. Rituale und Bräuche wurden in Dorfgemeinschaften gelebt und weitergegeben.

Die Frauen trafen sich zum gemeinsamen Spinnen oder Federn reißen, um Federbetten herzustellen, man spielte Karten, erzählte Geschichten oder machte gemeinsam Handarbeiten.

So lernten die Jungen von den Alten und gaben dies wiederum weiter.

Diese jahrhundertealte Tradition ist heute fast verloren gegangen.

Der Zusammenhalt in Lebensgemeinschaften war, ohne die heutigen Zerstreuungen, geprägt von ähnlichen Sorgen und Nöten.

Wenn dann die Winde um die Hausecken pfiffen und die Schatten draußen immer länger wurden, konnte man Kobolde und Dämonen sehen, die nicht in diese Welt gehörten.

Aberglaube bestimmte das Leben.

Mit allerlei Ritualen und Zauberei versuchte man, sich gegenseitig Mut zu machen und diesen Kreaturen und Geistern den Eintritt ins Haus oder in den Stall zu verwehren.

3. 1.

Der Beginn

In der Zeit nach Samhain, in der die Tage immer kürzer werden und sich die Dunkelheit wie eine Decke über die Gegend legt, beginnen die Vorbereitungen auf die Weihnachtszeit. Diese Vorweihnachtszeit hat viele Feiertage, die die stille, die stade Zeit einläuten.

Schon am 11. November begehen wir einen christlichen Feiertag, den St. Martins-Tag. Heute ist er durch Laternenumzüge der Kinder, Martinsfeuer und das Martinsgansessen bekannt. An diesem Tag feierte man früher den Winteranfang. Es war auch das Ende des bäuerlichen Wirtschaftsjahres. Der Viehbestand, der nicht durch den Winter gefüttert werden konnte, musste dezimiert werden. Auch Steuern wurden dann oftmals in materieller Form als Vieh (Gänse) bezahlt.

Am 25. November, am Tag der heiligen Katharina, begann in alten Zeiten die Weihnachtsbäckerei. Katharina war eine Schutzpatronin und eine der 14 Nothelferinnen. Einige Tage später, in der Nacht vom 29. zum 30.11., feierten unsere Vorfahren die Andreasnacht bzw. den Andreastag. Der heilige Andreas ist der Schutzpatron der Liebenden und des Ehestandes und so ist es nicht verwunderlich, dass diese Nacht eine Los- bzw. Orakelnacht war. Besonders unverheiratete junge Mädchen warteten ungeduldig auf diese besondere Zeit, um einen Blick auf den Zukünftigen werfen zu können.

Am 1. Dezember beginnt, symbolisch mit dem Adventskalender, die Adventszeit. Nun werden wir Tag für Tag mit einer kleinen Überraschung an das bevorstehende Weihnachtsfest erinnert. Drei Tage später, am 4. Dezember, ist Barbaratag. Im christlichen Glauben war die heilige Barbara eine Märtyrerin, die von ihrem heidnischen Vater hingerichtet wurde, weil sie zur neuen Religion übergetreten ist. Heute werden Kirsch- oder andere Obstzweige gebrochen, die man in eine Vase ins Haus holt. Sie sollen die dunkle Jahreszeit erhellen und gleichzeitig einen vorausschauenden Blick auf das kommende Jahr werfen. Blühen diese Zweige an Weihnachten, wird es ein gutes Jahr.

Viel älter, aus der heidnischen Tradition, steckt die alpenländische Urgöttin Borbeth hinter diesem Brauch. Sie ist eine der drei Bethen, der drei Nornen oder der drei Seligen. Sie sitzen im schamanischen Weltbild an den Wurzeln des Weltenbaumes und spinnen den Lebensfaden.

Diese drei Göttinnen kennen wir in vielen Regionen der Welt. Sie sind die Schicksalsgöttinnen, die über das Schicksal bestimmen. In der nordischen Mythologie heißen sie Urd (das Schicksal), Verdandi (das Werdende) und Skuld (von Schuld, das was sein soll). Mitunter liest man von der weißen Frau (weiß - Unschuld, kindlich), der roten Frau (rot - Blut, die fruchtbare Frau) und von der schwarzen Frau (schwarz - Alter, die alte weise Frau). In der griechischen Mythologie kennen wir sie als Chloto, Lachesis und Atropa. Chloto ist die Spinnerin des Lebensfadens, Lachesis ist die Zuteilerin, sie misst die Länge des Lebensfadens und Atropa, die Namenspatronin der giftigen Tollkirsche, schneidet den Faden ab, der uns am Leben hält, so wie die Tollkirsche das kann. Schicksalsgöttinnen, die über das Leben bestimmen. Solche Deutungen sind uralt und haben sich über sehr lange Zeit gehalten. Immer wieder verloren sich solche Geschichten, aber gänzlich tot waren sie nie.

Wenn im Adventskalender das sechste Türchen geöffnet wird, kommt der Nikolaus und bringt den Kindern kleine Geschenke. Dafür sollen geputzte Schuhe vor der Tür stehen, damit er diese befüllen kann. Ein weiteres Stückchen Vorfreude auf die wunderbare Weihnachtszeit. Der heilige Nikolaustag verdankt seinem Namen einem heiligen Bischof, der sein ganzes geerbtes Vermögen an Arme spendete. Am 6. Dezember, seinem Todestag, kommt er nun in jedem Jahre nachts durch den Schornstein, um den artigen Kindern Geschenke zu bringen. Oftmals ist er in Begleitung furchteinflößender Gesellen, wie Knecht Ruprecht, der unartige und böse Kinder bestraft.

Durch die Verschiebung im Kalendarium galt der 13.12., der Luzia-Tag, als der alte Tag der Sonnenwende. Es war der kürzeste Tag mit der längsten Nacht, in der das neu geborene Licht gefeiert wurde. Von dieser Tradition bestimmt, beginnen in manchen Gegenden zu dieser Zeit die Perchtenläufe. Diese Perchtenläufe sind lärmende Umzüge wilder und angstmachender Kreaturen, die fellbesetzt mit hässlichen Fratzen, langen Krallen und Zähnen im alpenländischen Raum unterwegs sind. Oft unterteilt man sie in Böse und Gut. Sie überwachen die Vorschriften und kontrollieren des Nachts oder wünschen am Tag Glück und Segen. Sie werden immer in Verbindung mit den Raunächten gesehen und sind auch nur in dieser Zeit unterwegs. In anderen Regionen treiben sie den Winter aus.

Die vier Sonntage vor dem Weihnachtsfest bezeichnen wir als Advent.
Wir holen Adventskränze in unsere Stuben und zünden die Kerzen darauf an. Das Binden von Kränzen oder Buschen hat eine lange Tradition. Zu allen großen Festen wurden Kränze oder Buschen gebunden. Dieser Brauch ist aus vorchristlicher Zeit übernommen. Der

Kranz oder auch der Kreis ist das Symbol für das immerwährende Leben und den Jahreskreis. Es endet nichts, es geht immer weiter. Wie ein Kreis, der weder Anfang noch Ende hat. Für den Adventskranz werden, symbolisch für das Leben, immergrüne Gehölze wie Tanne, Eibe, Fichte, Thuja oder Buchs gewunden. Diese immergrünen Pflanzen sowie die Kerzen zeigen symbolisch, dass auch im kalten dunklen Winter das Licht leuchtet. Dass sich auch in der dunklen Zeit das Rad des Leben weiter dreht, dass die Lebenskraft nicht vergeht. Sie stehen für Schutz und Vitalität. Auf dem Adventskranz stehen traditionell vier Kerzen als Symbol für die vier Jahreszeiten, für die vier Elemente und später für die vier Adventssonntage.

Diese Nächte vor der Wintersonnenwende nannte man Sperr- oder Dunkelnächte. Tatsächlich sind es die allerlängsten und dunkelsten Nächte im Jahr. Sogar am Tag zeigt sich das Licht nur für kurze Zeit, so dass man den Eindruck hat, es will gar nicht mehr hell werden. Unsere Vorfahren legten (sperrten) ihre Handwerksgeräte weg, sie räumten auf und sortierten, was nicht mehr benötigt wurde.

Solch ein Loslassen tut auch unserer Seele gut, nicht nur an den Hausputz in der Vorweihnachtszeit zu denken, sondern auch eine Seelenreinigung durchzuführen. Zu schauen, was ist überhaupt wichtig in meinem Leben, wofür nehme ich mir Zeit, welche Sachen sind immer liegen geblieben? Die Dunkelnächte nutzt man auch, um Dinge einfach loszulassen, aus dem Leben zu entlassen. Räucherschalen mit duftenden und reinigenden Harzen oder Kräutern wurden angezündet, um Altlasten zu lösen. Man bereitete sich so auf das neue Jahr vor, auf neue Chancen, die vom Ballast der letzten Zeit beräumt wurden. Nur so konnte man frei und aufgeräumt in die magische und heilige Zeit der Wintersonnenwende gehen.

Am 21.12. feierten die Menschen dann die heiligste und magischste Nacht des Jahres mit der Hoffnung auf die Wiedergeburt des Lichtkindes. Große Feuer wurden entzündet. Das Alte wird mit diesem Wendepunkt im Jahreskreis abgelöst und Neues kann beginnen. Später wurde daraus die Thomasnacht. In manchen Gegenden wird die Wintersonnenwende als 1. Raunacht gedeutet.

Ich persönlich sehe das nicht so.

Aber Sie dürfen das ganz anders handhaben. Da es keine festgeschriebenen Regeln gibt, gibt es auch kein Richtig und kein Falsch. Ich feiere an diesem Tag die Wintersonnenwende mit einem Feuer und verschiedenen Räucherungen als Schwelle in die magische Zeit der Raunächte. Die Wintersonnenwende war bei unseren Vorfahren ein Fest mit großer Bedeutung: Die Wiedergeburt des Lichtes. Durch die Wiedergeburt der Sonne, die dann ihren tiefsten Stand erreicht hat und nun Tag für Tag höher steigt, beginnt auch das Leben wieder neu. Das Licht triumphiert dabei über die Dunkelheit. Deshalb wurden überall Feuer entzündet, die die neu geborene Sonne symbolisieren und von wärmender und nährender Kraft berichten sollen.

Nun rückt der 24. Dezember, der Heilige Abend, immer näher. Ich gehe mit meiner Familie am Heiligen Abend in die Kirche. Wir schauen dem Krippenspiel zu und wenn wir dann die Kirche verlassen, stellt sich bei mir so ein schönes Gefühl ein. Nun kann Ruhe eintreten. Ich freue mich auf eine besinnliche Zeit, mit Zeit für meine Liebsten und für mich. In dieser Nacht beginnen die Raunächte. In dieser staden Zeit, wie man in den Bergen die Tage zwischen den Jahren bezeichnet, stehen die Tore in die Anderswelt weit offen, die Nebel lichten sich und wir dürfen gespannt sein.

Mit dem 1. Weihnachtsfeiertag am 25.12. folgt eine der stärksten Raunächte. Die Silvesternacht am 31.12. wird mit Böllern gefeiert und das neue Jahr am 1.01., dem Janustag, nach dem römischen Gott Janus, begrüßt. Traditionell wurde am 5.1. der Weihnachtsbaum abgebaut. Am 6.01. erscheinen die Heiligen Drei Könige und mit diesem Datum enden die Raunächte.

Da ich sehr naturverbunden bin, fiebere ich auch dem Ende der Raunächte hin. Für mich beginnt die Zeit, in der es gefühlt wieder heller wird.
Natürlich ist es so, dass ab dem 21.12. die Sonne wieder erwacht. Sie steht aber einige Zeit still, Mutter Natur hält den Atem an.

In den ersten Januartagen, sobald die Raunächte vorbei sind, ist das Gefühl da, dass die Natur nun wieder erwacht und das Licht wieder heller wird, jeden Tag ein bisschen mehr.

Schon höre ich nach dieser stillen Zeit die ersten Tiere. Herr Fuchs geht auf die Suche nach einem Weibchen. Wenn man achtsam ist, kann man an seinem heiseren Bellen seine Bemühungen hören. Nun fangen auch einige Vögel zu singen an, ganz zart noch, denn es ist noch sehr kalt. So hört man anfangs die Kohlmeise, später schließen sich Blaumeisen, Kleiber und Buntspecht an.

Nun werden auch die Tage wieder merklich länger.

3. 2.

Rau(ch)nächte

Bei meinen Recherchen zu dem Thema Raunächte bin ich immer wieder auf interessante Dinge gestoßen, die oft von Region zu Region sehr unterschiedlich gelebt wurden. Für die Raunächte gibt es sehr verschiedene Bezeichnungen. Im Harz bezeichnet man die Tage zwischen Weihnachten bis ins neue Jahr hinein als "die Zeit zwischen den Jahren". Man kennt auch die Bezeichnung "die Zwölften", "die verlorenen Nächte" oder "Zwischennächte". Immer wieder findet man die Zahl 12. Warum gerade diese Zahl? Wie kommt sie zustande?

Das erklärt sich leicht: Vor langen Zeiten lebten wir Menschen nach einem Mondkalender. Dies änderte sich mehrmals, später nutzten wir den Lauf der Sonne als Kalender. Ein Mondzyklus von Neumond zu Neumond beträgt 29,5 Tage. Wenn man diesen Zyklus für zwölf Monate ausrechnet, kommt man auf 354 Tage. So entstand eine Lücke von elf Tagen und zwölf Nächten zum Sonnenjahr, mit unseren heutigen 365 Tagen. Diese Zeit nannte man "die Zeit zwischenden den Jahren", "die Zwölften" oder "die verlorenen Nächte".

In anderen Gegenden spricht man von den "Wolfsnächten". Dieser Begriff stammt aus den Bergregionen, in denen in den kalten Nächten hungrige Wolfsrudel um Haus und Hof streiften und man bis zum Morgengrauen deren Geheul hören konnte. Heute und aus alten Überlieferungen ist der Name "Raunächte" oder "Rauhnächte" üblicher. Diese Bezeichnungen können unterschiedlich gedeutet werden. Es kann sich um die "rauen" Nächte handeln, in denen jederzeit Unwesen, Hexen und wilde Tiere Haus und Hof in Aufregung und Schrecken versetzten. Eine andere Erklärung ist, dass in den Raunächten viel und gerne geräuchert wurde. Diese Bezeichnung spielt auf das "Rauchen" der Räucherschalen an. Grundsätzlich meint es alles die gleiche, die magische Zeit zwischen vom 21. Dezember (bzw. 24. Dezember) bis in das neue Jahr hinein. Es war immer eine Zeit voller Mystik und Magie. In diesen zwölf dunklen, langen Nächten saß man beisammen, erzählte Geschichten. Es wurde geräuchert und orakelt, um einen Blick in die Zukunft zu wagen. Der kalte Wind peitschte Schneeschauer um die Häuser und über die Felder. Und wenn in einem alten Bauernhaus das Gebälk knarrte und die Fensterläden durch den Sturm klapperten, konnte einem schon Angst und Bang werden. Die Nebel verrieten, dass die Anderswelt nah war und somit die Unholde leicht Zugang in unsere Welt finden konnten.

Man hörte die Geschichten von fellbesetzten Dämonen, mit hässlichen Klauen und verzerrten Fratzen, die ums Haus streiften. Die dunklen Schatten wurden immer länger, das Schneetreiben dichter und so erzählte man sich von Odin oder Wotan, der mit seiner wilden Jagd tosend über das Land raste.

Man wusste, dass bereits nach dem 31. Oktober die Tore in die Anderswelt sehr weit offen standen und die Ahnen zu Besuch kommen können. Geister und Unwesen hatten ein leichtes Spiel. So berichtete man von Tieren, die umherirrten und die möglicherweise verzauberte Wesen waren. Dadurch entwickelten sich in den Raunächten allerlei Schutzzauber. Gegen böse Geister wurden Masken mit wilden Fratzen aufgesetzt. So sollten die wilden Dämonen von Haus und Hof vertrieben werden. Die Winternächte und besonders die Raunächte waren erfüllt von wilden Gestalten, düsteren Geschichten und dem Gefühl der besonderen Spannung, aber natürlich auch von allerlei Zauber und Hoffnung auf ein neues, gutes Jahr. Die Zeit war voller Ängste und Sorgen, aber gleichzeitig voller Hoffnung. Sobald es wieder heller wurde, keimte auch die Hoffnung auf einen guten Neubeginn. Die Zeit zwischen den Jahren ist eine Zeit, in der das Schicksal neu verhandelbar ist. Die Zukunft ist ungewiss, einen kleinen Vorgeschmack kann man sich gerade jetzt holen.

So wie das Jahresrad in dieser dunklen Zeit stillstand, sollten sich keine Spinn-, Wagen- oder Mühlräder drehen.

Daher kennen wir den Spruch:

"Es dreht sich kein Rad".

Alle Arbeiten sollten ruhen.

3. 3.

Zeitpunkt der Raunächte

Die Raunächte sind der innere Ring der Weih-Nachts-Zeit. Es sind zwölf magische Nächte, die je nach Region variieren. Meist beginnen die Raunächte am 24. Dezember und enden somit in der Nacht des 5. zum 6. Januar. Die Wintersonnenwende wird oft als Schwelle oder Eingangstor in diese magische Zeit gesehen. Nun hat der Sonnengott den Kampf gegen die Dunkelheit gewonnen. Am 21.12. wird das Licht neu geboren. Die Tage werden wieder länger.

Die Vorgehensweise die Raunächte mit der Christnacht zu beginnen, findet ihren Ursprung fest im christlichen Glauben verankert. Mancherorts werden nur vier Nächte genutzt, die stärksten Raunächte. Das waren die Nacht der Wintersonnenwende, die 1. Raunacht (24./25.12.), die Silvesternacht und die letzte Nacht auf Heilige Drei Könige. Es gab eine Vermischung aus vielen Varianten, die sich manchmal sogar an Dorfgrenzen änderte. In der alten Literatur finden sich unterschiedliche Auffassungen und Vorgehensweisen. Am weitesten verbreitet ist die Zählweise mit dem Beginn der Rauchnächte in der Christnacht 24./25. Dezember und dem Ende in der Nacht auf Heilige Drei Könige am 5. Januar um Mitternacht.

Die üblichste Variante lässt die Raunächte am 25. Dezember um 0.00 Uhr beginnen und am 5. Januar um 24.00 Uhr enden. Dabei zählt für jede Raunacht nicht nur die Nacht, sondern die gesamten 24 Stunden des Tages.

Während der Raunächte gibt es sogenannte Losnächte. Das sind besondere Nächte, in denen man durch verschiedene Orakelmöglichkeiten auf das eigene Schicksal oder das seiner Nächsten schauen konnte.

Die zwölf Raunächte stehen gleichzeitig für die zwölf Monate. Die 1. Raunacht für den Januar, die zweite für den Februar usw.. Diese Tage und Nächte genau zu beobachten, brachte Rückschlüsse auf das kommende neue Jahr.

3. 4.

Bräuche in den Raunächten

Die Raunachtsbräuche stammen aus einer längst vergangenen Zeit. Je schnelllebiger die Zeit wurde, umso mehr sind diese Bräuche in Vergessenheit geraten. Sie sind Bestandteil der mitteleuropäischen Spiritualität, die über Jahrtausende gelebt und mündlich überliefert wurde. Auch wenn wir heute in einer entzauberten Welt leben, ist die Möglichkeit gegeben, mit kleinen Ritualen und Bräuchen etwas Abwechslung in unser Leben zu bringen. Die Weihnachtszeit, eine besinnliche Zeit, lädt uns dazu ein. Der Grundgedanke der Raunächte ist der gleiche geblieben. Wer möchte nicht gerne einen Blick in die Zukunft wagen und einen Hinweis auf das zu erwartende Jahr erhalten, so wie es unsere Vorfahren immer getan haben? Treten wir einmal heraus aus dem Gewohnten, hinein in diese Zwischenwelt und lassen uns darauf ein.

Einige Brauchtümer haben sich gehalten und sind uns bis heute bekannt. Andere wiederum sind längst in Vergessenheit geraten. In unserer Welt wird Aberglaube belächelt. Alles, was nicht wissenschaftlich erklärt werden kann, wird abgetan. Manche Dinge auf dieser Welt lassen sich nicht erklären - sie sind einfach da.

So ist bei vielen Menschen wieder der Wunsch nach vergessener Tradition und Brauchtum aufgekeimt. Einige Rituale sind erhalten geblieben, wie das Bleigießen an Silvester. Doch kaum jemand weiß, dass dies ein ganz alter Brauch ist.

In dieser dunklen Zeit durften jedoch bestimmte Vorsichtsmaßnahmen und Verhaltensregeln nicht vergessen werden. Die Raunächte sind vor allem stille, besinnliche Nächte. Die Menschen waren angehalten sich ruhig zu verhalten, nicht zu lärmen oder zu streiten. Sogar Husten und Niesen sollte unterdrückt bzw. sehr leise geschehen. Bevor die verlorenen Nächte begannen, sollten alle Streitigkeiten bereinigt worden sein.

Wenn Frau Percht, die schwarze Göttin oder alte Weise, in den Raunächten mit ihren Ahnenseelchen übers Land zog, richtete sie gleichzeitig über Gut und Böse. Frau Percht ist gleichzusetzen mit Frau Holle, die die fleißige Goldmarie belohnt und die faule Pechmarie bestrafte.

Für Frau Percht wurde im Haus ein Tischchen mit guten Speisen gerichtet. War sie zu Gast, durfte man im kommenden Jahr mit viel Heil und Segen rechnen.

Es wurde nicht mehr gearbeitet, die Zeit blieb fast stehen und so sollte man sich am besten im Haus aufhalten, um von der wilden Jagd Odins verschont zu bleiben. Wenn man nicht die Nächte im Haus verbrachte und betete, konnte es ein, dass man mitgerissen wurde. Sollte man von den wilden Stürmen und Naturgewalten mit den schnaubenden Rössern und dem tosenden Heulen draußen erwischt werden, so legte man sich hin und kreuzte Arme und Beine, um nicht mit in die Lüfte gerissen zu werden.

Aber nicht immer war die wilde Jagd nur ein Unheilsbringer. Je schwerer die Stürme, je tosender das Schneetreiben, umso günstiger waren die Aussichten auf ein fruchtbares Jahr.

Überall konnten böse Dämonen, wilde Tiere und schaurige Kreaturen lauern. Gegessen wurde unter gar keinen Umständen draußen, es konnte sein, dass einem eine Kreatur in den Hals fahren und man daran sterben könnte. Es war ganz klar, dass die Wesen, die aus anderen Welten kamen, recht böse waren und raffinierte Dinge taten, um unserer Seelen habhaft zu werden.

Es wurde auch keine Wäsche gewaschen. In besonders großen, weißen Stücken oder in Leinen konnten sich ganz leicht die Geister verfangen. Das würde bedeuten, dass im kommenden Jahr ein tragischer Todesfall auf dem Hof auftreten würde. Zudem konnten große weiße Wäschestücke die Wollust anregen!

Geliehene Dinge mussten zurückgegeben werden, sonst drohte man dafür mit Krankheit bestraft zu werden. Geldschulden wurden unbedingt zurückgezahlt. Geschäfte in den Raunächten konnten nur schief gehen, da das Jahresrad still stand und somit nicht gearbeitet werden durfte.

Fragten Bedürftige oder Bettler nach Hilfe, durfte man diese nicht abweisen. Am besten wäre es, sie mit ins Haus zu nehmen und sie zu einem Mahl zu bitten. Tat man dies nicht, wird man im kommenden Jahr ebenfalls in eine Notlage kommen.

Haus, Stall und Hof wurden geputzt und energetisch gereinigt. Dieser Brauch hat sich bis heute gehalten. Weihnachtsputz und das Anzünden von Räucherkerzen oder Räuchermännchen zur energetischen Reinigung sind ein altes Ritual. Mit selbst gebundenen Besen aus Birkenreisig wurden die Wohnräume ausgefegt, um das Alte loszulassen.

Mit den Worten: "Glück zieht ein, Pech geht raus" wurden die Sorgen und die Lasten ausgekehrt. Wurden die Besen in den Raunächten gebunden, hatten sie besondere magische Fähigkeiten. Sie konnten die bösen Geister be"kehren" und die Krankheitsdämonen hinausbewegen. Das Haus sollte in der gesamten Raunachtszeit sauber gehalten werden, weil sich Hexen und Geister im Staub der Räume sehr wohl fühlten.

Wer seine Haare und Nägel in der Raunachtszeit schnitt, lief Gefahr, das neue Jahr mit Haarausfall und Kopfweh zu beginnen.

Wer in den Raunächten Karten spielte, setzte das Glück im nächsten Jahr aufs Spiel.

Türen und Fenster mussten sehr leise geschlossen werden, weil sonst im nächsten Jahr Blitzschlag, Streit und Unfrieden drohte.

Im Wald hatten Wegkreuzungen magische Kräfte. Unverheiratete konnten dort auf ihren Zukünftigen treffen. So hielt man auch Ausschau nach Zeichen an diesen Weggabelungen, die auf einen Zukünftigen schließen ließen.

Wenn sich liebende Paare in den Raunächten oft trafen, so wurde ihre Liebe besonders groß.

Wurden in den Raunächten Kinder geboren, wurden ihnen besonders hellsichtige und übersinnliche Fähigkeiten zugeschrieben. Sie galten als Glückskinder.

Die Anwendung und Einnahme von Kräutern hatte in den Raunächten eine besondere Bedeutung. Sie waren sehr viel heilkräftiger als in anderen Zeiten.

In diesen dunklen Nächten wurden im Haus brennende Kerzen, obwohl die sehr teuer waren, aufgestellt. Jeweils eine Kerze in jede Himmelrichtung, um der Dunkelheit zu trotzen und den Dämonen deutlich zu zeigen, dass es Licht gab.

Man beobachtete das Wetter, achtete auf seine Träume und zog Orakelkarten. Alles ganz in Ruhe und Stille, besinnlich und auf die Dinge um sich herum achtend. Immer wieder hörte man Geschichten, dass besonders in der Christnacht die Tiere im Stall redeten.

Besonders vor umherstreunenden Tieren wie Hunden und Katzen musste man sich in Acht nehmen. Sie durften auf gar keinen Fall ins Haus oder in den Stall gelassen werden.

Oft nahmen Hexen, Teufel oder andere schaurige Wesen die Gestalt von Tieren an, um die Menschen zu verwirren. Sah man solch ein fremdes streunendes Tier, war es ratsam, sich dreimal zu bekreuzigen. Dann verschwand es oder löste sich in Luft auf. Ratten und Mäuse bedeuteten ebenfalls aufkommendes Unheil.

3.5.

Tierbotschaften in den Raunächten

Tiere spielten während der Raunächte immer eine große Rolle. Nicht nur die eigenen Tiere in Haus oder Stall, sondern man beobachtete auch die Tiere in der Umgebung und in der Natur.

Einige Tiere haben mythologische Bedeutung. Hier einige Beispiele:

Der Wolf

Der Gott Odin hatte unter seinen tierischen Begleitern zwei Wölfe: Geri und Freki. Sie halfen ihm beim Jagen und waren ihm treu verbunden. Der Wolf wurde immer als Feind des Menschen betrachtet und als vom Teufel geschickt. Nun kehrt der Wolf, nachdem er schon im 18. Jahrhundert durch den Menschen fast ausgerottet wurde, langsam in unsere Wälder zurück - doch die Angst ist geblieben. Das zeigt sich auch in Märchen wie: "Rotkäppchen und der Wolf" oder "Der Wolf und die sieben Geißlein".

Das Eichhörnchen

Das Eichhörnchen kann im Schamanismus zwischen den Welten des Irdischen und der Anderswelt hin und her springen. Es galt als Vermittler. Bei den Germanen war es dem Feuergott Thor geweiht und man sah es als Schelm. Das Eichhörnchen hilft, Wünsche und Ideen in die Tat umzusetzen.

Der Fuchs

Vielleicht entdecken Sie bei Ihren Spaziergängen während der Raunächte einen Fuchs. Die rote Fellfarbe des Fuchses deutete unseren Vorfahren an, dass er Thor geweiht war. Bei den Kelten galt der Fuchs als Ratgeber, als diplomatisches Tier. Der Fuchs hilft, jetzt die richtigen Entscheidungen zu treffen und dies mit Schläue.

Der Hase

Der Hase steht in der Symbolik für Fruchtbarkeit, Geschicklichkeit und Reichtum. Gleichzeitig verlassen sich Hasen auf ihre scharfe Beobachtungsgabe und auf den Verstand.

Der Hirsch

Der Hirsch ist der Herr der Wälder. Unsere Vorfahren, die Kelten, verehrten den Hirschgott Cernunnos, den Gott der Wildheit und der Fruchtbarkeit. Er war als Majestät und Führer hoch geachtet. In der alten Heilkunde wurden Salben mit Tierfetten hergestellt. So wurde der Talg des Hirsches für alle rhythmischen Prozesse im Körper verwendet. So, wie der Hirsch in jedem Spätwinter sein Geweih abwirft und es im Jahr kraftvoll wieder nachwächst und sich noch verstärkt. Diese starke Symbolik, dieses mächtige Signal, wurde in die Heilkunde genutzt und durch starke heilkräftige Kräuter noch unterstützt.

Die Eule

Die Eule steht für Weisheit und Schutz. Die Göttin Athene, die Göttin der Weisheit und Namensgeberin der Stadt Athen, war stets mit einer Eule als Begleiterin unterwegs. Eulen können in der Dunkelheit sehen und das wurde im Mittelalter eher negativ interpretiert. Sie wurde mit dem Tod und mit Hexen in Verbindung gebracht.

Der Falke

Der Falke symbolisiert Weitsicht und Überblick. Er kann helfen Chancen klar zu erkennen und sie zu nutzen. In der nordischen Mythologie trägt die Göttin Freya ein Falkengewand.

Sie kann sich dadurch in die Lüfte schwingen und fliegen.

3.6.

Orakel und Rituale in den Raunächten

Während der Raunächte träumen wir das neue Jahr herbei. Es geht darum, Dinge einfach ruhen zu lassen, still zu werden, sich einzuspüren in den Jahreslauf. Die große Göttin möchte, so heißt es, dass unsere kleine Welt einmal still steht, dass wir uns auf uns konzentrieren. Was für eine wunderbare Zeit; das Jahresrad steht still, die Erde hält den Atem an, die Natur ruht und die Ahnen sind uns sehr nahe.

In der Zeit der Raunächte gibt es allerlei Rituale. Sehr gerne wird diese Zeit für Orakelrituale genutzt. Man möchte einen Blick in die Zukunft wagen, denn in dieser dunklen Zeit ist die Vorfreude auf ein gutes, lichtes und erfülltes Jahr groß.

Das Räucherritual

Das wichtigste Ritual in den Raunächten ist das Räuchern. Im Kapitel 4 habe ich das Thema Räuchern genau beschrieben. Während der Raunächte kann immer geräuchert werden. Eine genaue Anleitung gibt es nicht. Hören Sie auf Ihr Gefühl!

Die verschiedenen Harze, Kräuter oder Hölzer haben sehr unterschiedliche Wirkungen beim Räuchern. Dabei kommt es gar nicht darauf an, sie alle anzuwenden. Sie unterstützen einfach bestimmte Prozesse nachhaltiger.

Wenn Sie die Räucherstoffe nicht haben, macht es nichts. Beifuß oder Salbei haben Sie vielleicht getrocknet im Haus. Eine Räuchermischung kann man kaufen. Wer das alles nicht hat, verwendet einfach ein Räucherstäbchen oder einen Räucherkegel in Verbindung mit einem Räuchermännchen. Für die nächsten Raunäche im kommenden Jahr kann man dann im Sommer seine Räucherstoffe selbst sammeln, trocknen und mischen.

Das Kerzen-Ritual

Stellen Sie eine dicke Kerze oder ein Windlicht am 21.12. in ein Fenster.
Zünden Sie dieses Licht in jeder dunklen Wolfsnacht an.
So weisen Sie Ihren Ahnen den Weg an Ihren Tisch und gleichzeitig ist die Wilde Jagd und anderen schaurige Gesellen gewiss, dass in Ihrem Haus jemand über Sie wacht.

Das Traum-Ritual

In den Raunächten müssen Sie unbedingt auf Ihre Träume achten. Da die Schwelle in die andere Welt nicht weit ist und die Nebel leicht sind, kann man sehr schnell Kontakt zu den Vorfahren aufnehmen. So können die Ahnen helfen, das neue Jahr zu betrachten. Ein Notizheft auf dem Nachttischchen und ein Stift zum Aufschreiben Ihrer Träume sind wichtig. Wenn Sie nachts aufwachen, sollten Sie sich gleich Notizen machen. Sehr schnell hat man die Träume wieder vergessen. Jede Raunacht wird einem bestimmten Monat zugeordnet und somit hat der Traum Bedeutung für den entsprechenden Monat im Jahresverlauf.

Ich kann mich selten an meine Träume erinnern. In den letzten Raunächten träumte ich jedoch sehr wild und erwachte davon immer wieder. So konnte ich sie gut notieren. Die Erinnerungen waren noch ganz frisch. Ich füllte Nacht für Nacht mein Notizbüchlein mit Stichworten und es ist sehr spannend, dies jetzt mit dem Jahr abzugleichen. Es ist schier unglaublich.

Die Tiererlebnisse

In den Raunächten spielten Tiere immer wieder eine große Rolle. So war es möglich, dass die Tiere im Stall zu sprechen begannen und zwar so, dass wir Menschen ihre Sprache verstehen konnten. Waren Katzen bei jungen Frauen sehr anschmiegsam, war dies ein untrügliches Zeichen für eine nahende Schwangerschaft der jungen Frau. Kreuzten schwarze Katzen den Weg von rechts nach links, bedeutete das Glück. Umgedreht allerdings war das ein schlechtes Omen: "... von links nach rechts, was schlechts...". Schreiben Sie unbedingt in Ihr Raunachtstagebuch, wenn Sie Erlebnisse mit Tieren hatten.

Das Kartenorakel

Um einen Blick in die Zukunft zu werfen, zog man in jeder Raunacht eine Karte. Diese Karte aus einem Tarot-Set, bei der jede Karte eine Symbolik hat, gibt dann die Richtung und den Inhalt des Monats an.

In der 1. Raunacht zieht man die Karte für den Januar, in der 2. Raunacht die für den Februar und so weiter.

Eine Freundin von mir hat in jeder Raunacht die Karten für den Monat gezogen und das Symbol der Karte aufgeschrieben. Jede Karte hat ein bestimmtes Thema. Im Nachhinein hätte die Voraussage auf ihr sehr turbulentes Jahr nicht besser sein können. Beim Ziehen der Karten glaubte sie noch, dass das doch alles so gar nicht sein könne. Das meiste davon hat sich jedoch bewahrheitet.

Das Dreizehn-Wünsche-Ritual

Dieses Ritual ist ein schöner Einstieg in die Raunachtszeit und kann sehr gut am Tag der Wintersonnenwende gemacht werden.

Sie benötigen:

13 kleine Zettel aus Papier, 13 Bindfaden, 1 Glas oder ein Körbchen und einen Stift.

Nehmen Sie sich für dieses Ritual ein wenig Zeit. Wenn Sie keine Möglichkeit haben ein Feuer zu entfachen, entzünden Sie eine Kerze. Vielleicht bereiten Sie sich einen Tee zu und hören gute Musik. Machen Sie es sich schön!

Überlegen Sie, welche Wünsche Sie für das neue Jahr haben. Schauen Sie, was in diesem Jahr zu kurz gekommen ist, wofür sie keine Zeit hatten oder was Sie unbedingt ändern möchten. Schreiben Sie jeweils einen Wunsch auf einen der dreizehn Zettel. Rollen Sie jeden Zettel zusammen, so dass die Schrift innen und nicht zu sehen ist und befestigen Sie alles mit einem Faden. Sollten Ihnen keine dreizehn Wünsche einfallen - sie haben damit noch bis zum 1. Raunachtstag Zeit. Legen Sie alle Wunschzettel in das Glas oder das Körbchen.

Sobald die 1. Raunacht beginnt, verbrennen Sie in jeder Raunacht einen Zettel. Das können sie ganz einfach in Ihrer Räucherschale auf der glühenden Kohle oder auf einem Blumenuntersetzer aus Ton machen. So geben Sie 12 Wünsche für 12 Raunächte ans Universum ab. Dort wird sich um Ihren Wunsch gekümmert. Zum Schluss bleibt ein Zettel übrig. Öffnen Sie ihn und schauen Sie, welcher der dreizehn es ist. Um diesen letzten Wunsch müssen Sie sich im kommenden Jahr selbst kümmern - das ist Ihre Aufgabe für Sie ganz alleine.

Die Wünsche können auch mit etwas Blumensamen in die Erde gegeben werden. Natürlich ohne den Wunsch zu lesen, sonst funktioniert das mit dem Wünschen nicht mehr. So können Ihre Wünsche "aufgehen" und Sie übers Jahr begleiten.

Waldweihnacht feiern

In alten Zeiten feierten unsere Vorfahren eine Waldweihnacht. Ich finde die Idee sehr schön und besonders mit Kindern ist dies eine wunderbare Einstimmung auf Weihnachten. Man geht in die Natur hinaus und sucht eine schöne Stelle im Wald, gerne in der Nähe von immergrünen Pflanzen. Nehmen Sie Geschenke für die Waldbewohner mit: Nüsse, Äpfel, Rüben, Eicheln, Kastanien und legen Sie sie aus.

Legen Sie Spiralen aus Fichten- oder Tannengrün auf einen Platz in der Natur oder in Ihrem Garten. Schmücken Sie die Zwischenräume mit Tannenzapfen, Nüssen und Äpfeln. Ein schönes Teelicht dazu oder eine kleine Räucherschale um die Naturwesen zu ehren. Ich nehme immer noch ein ganz kleines Fläschchen Whisky mit. Waldelfen lieben Whisky! Den schütte ich dann für sie aus.

Besondere Eckpunkte im Jahreskreis wurden von unseren Ahnen immer in der Natur gefeiert. Nach der Christianisierung wurden diese Feste zu Kirchenfesten gemacht und die Menschen in die Gotteshäuser geholt. Ich erinnere mich, als wir einmal zu einem Kurs im Eichsfeld unterwegs waren. Dort stand eine wunderschöne kleine Pilgerkapelle mitten im Wald. Als wir herum gingen, fanden wir hinter der kleinen Kapelle einen riesigen Opferstein, der auch als solcher belegt ist. Hier war es also auch so. Die Gotteshäuser wurden in der Nähe der alten Ritualplätze gebaut.

Ahnentischchen einrichten

Immer wieder hört man, dass in den Raunächten der Kontakt zu den Ahnen leicht herzustellen ist. Dazu ist es schön, ein Ahnentischchen zum Gedenken an Ihre Vorfahren einzurichten. Überlegen Sie, wo eine gute Stelle in ihrer Wohnung dafür ist. Richten Sie dieses Tischen gemütlich her. Stellen Sie Bilder Ihrer

Vorfahren auf oder legen Sie Andenken an sie ab. Eine schöne Kerze und Dinge, die Sie mit Ihren Ahnen in Verbindung bringen. Eine kleine Räucherschale oder ein Räucherkelch wird den Kontakt zusätzlich unterstützen.

Ritualplatz in der Natur

Genau wie das Ahnentischchen, sollten Sie sich einen schönen Platz in der Natur einrichten. Egal ob im Garten, auf dem Balkon oder an einem ungestörten Platz im Wald. Mein kleiner Ritualplatz befindet sich unter einer dicken Lärche in meinem Garten. Dort fühle ich mich auch am Abend noch ungestört und sicher. Er ist geschmückt mit einem alten Kronleuchter mit fünf Teelichtern, einer Elfe, schönen Stöcken, einem Geweih und mit Wildschweinzähnen sowie Bucheckern, Steinen und Äpfeln. Ein großer Tonuntersetzer von einem Blumentopf dient mir dort als Räucherschale. Zusätzlich habe ich mir einen geschützten Sitzplatz eingerichtet. Dorthin ziehe ich mich warm eingepackt in Zeiten zurück, in denen ich die Stille der Raunächte genießen möchte.

Das Neunerlei-Hölzer-Ritual

Aus altgermanischen Zeiten hat sich der Brauch der Neunerlei-Hölzer bis heute gehalten.

Die Zahl neun hat eine besondere Bedeutung. Sie gilt als heilige Zahl. Sie wird aus 3 x 3 gebildet. Da die Zahl drei die Zahl der Vollkommenheit symbolisiert, hat die neun eine große Bedeutung in der Zahlenmystik. Wir kennen das 9-Kräuter-Bündel und die 9-Kräuter-Suppe aus neun heilkräftigen Pflanzen. Es gibt Teemischungen aus neun speziellen Kräutern und das Ritual zu den Neunerlei Hölzern.

Das wichtigste ist, dass die neun verschiedenen Hölzer unbedingt gesammelt, auf keinen Fall vom Baum abgeschnitten werden dürfen. Das würde den Zauber, der sich dahinter verbirgt, bannen. Nur so sind sie wirklich magisch!

Diese Bündel wurden nicht nur in den Raunächten sondern auch zu Walpurgis (30.04./1.05) und Samhain (31.10./1.11.) als Schutz- und Abwehrzauber eingesetzt.

In jeder Region ist die Zusammensetzung des Bündels etwas anders. Ich verwende dazu: Kirsche, Weide, Linde, Fichte, Birke, Eiche, Buche, Hasel, Weißdorn.

Wenn Sie bei sich andere Bäume finden, nutzen Sie diese.

Nun wurden diese Hölzer zu einem magischen Bündel zusammengebunden. Kleine Bündel wurden als Amulett oder Talisman um den Leib oder den Hals getragen. Oder man steckte sie als magischen Schutzzaun und Einfriedung um Haus und Hof. Somit schützte man sich vor Hexen, Dämonen, Unwettern, Verfluchungen und Seuchen. Aus kleinen Stücken oder Spänen wurde ein Sud gekocht, indem man badete, um Schutz zu erlangen. Auch zum Räuchern oder als Liebesorakel verwendete man die Späne der 9erlei Hölzer.

Im Jahresverlauf kamen die 9erlei Hölzer als Notfeuer zum Einsatz. Bei Unwettern, Viehseuchen oder anderen Notsituationen wurden alle Herdfeuer gelöscht. Mit den 9erlei Hölzern wurde nun ein Notfeuer entzündet, mit dessen Glut man alle Feuer ringsherum wieder entfachte. Nur so konnte ein Schutzzauber wirken.

Besonders in den Raunächten ging man mit den Bündeln durch die Ställe und konnte dadurch die Tiere sprechen hören. Auch im Haus verräucherte man die Späne, um die wilde Jagd und Frau Percht zu besänftigen.

Das Jahresrad binden

Vielleicht haben Sie Spaß daran ein Jahresrad zu binden. Es symbolisiert die acht Jahreskreisfeste und somit den Jahresverlauf.

Sie benötigen dazu: 4 oder 6 Stöcke ca. 15-20 cm, Gartenbindedraht, Bindfaden, bunte Bänder.

Sammeln Sie dazu vier (oder sechs) gleich lange, ca. fingerdicke Stöcke. Legen Sie die ersten beiden Stöcke als Kreuz übereinander und fixieren Sie die beiden mit einem Gartendraht. Die anderen Stöcke binden Sie ebenfalls als Kreuz zusammen und legen Sie versetzt auf das erste, so dass ein "Wagenrad" mit acht (oder zwölf) Speichen entsteht. Schmücken Sie das Rad nun in der Mitte mit einem schönen Faden oder bunter Wolle. Am Ende der Speiche, sozusagen als äußeren Rand, können Sie das Rad nun ebenfalls noch einmal mit bunten Fäden zusammenbinden, um einen besseren Halt zu bekommen.

So haben Sie ein schönes Schmuckstück für Ihren Ritualplatz, welches Sie ein Jahr lang begleiten kann und die Eckpunkte im Jahreskreis oder die zwölf Monate anzeigt. Im Jahresverlauf können Sie die einzelnen Felder mit den entsprechenden Naturmaterialien schmücken.

Die Feste des keltischen Jahreskreises werden in Sonnen- und Mondfeste unterteilt. Die Wintersonnenwende (Julfest am 21. Dezember), die Sommersonnenwende (Litha am 21. Juni), die Frühlingstagundnachtgleiche (Ostara am 21. März) und die Herbsttagundnachtgleiche (Mabon zwischen 22.-23. September) sind Sonnenfeste und liegen sich im Jahreskreis genau gegenüber.

Dazwischen gibt es die Mondfeste, die immer auf den zweiten Vollmond nach dem Sonnenfest fallen. Nach der Wintersonnenwende feiern wir am Imbolc (Brigit oder Lichtmess am 1./2. Februar), danach Beltaine (Walpurgis am 30.April), dann Lughnasadh (Lammas oder das Fest der Schnitterinnen am 1./2. August) und enden mit Samhain (Halloween am 31. Oktober).

Bleigießen an Silvester

So ist auch das Bleigießens in der Silvesternacht als Ritual erhalten geblieben. Blei oder auch Wachs wird über einer Kerze erwärmt und in eine Schüssel mit kaltem Wasser geworfen. Aus der beim Erstarren gebildeten Form zieht man Rückschlüsse auf das kommende Jahr.

Sterne aus Naturmaterialien

Sterne sind in den Raunächten ein schöner Schmuck. Sie leuchten in der dunklen Zeit und sind ein Zeichen der Hoffnung.

Sie benötigen: Zweige oder dünne Stöckchen ca. 30 cm lang, Gartenschere, Bindedraht, Bindfaden oder Wolle.

Aus einigen Zweigen binden Sie zwei gleichgroße Dreiecke. Fixieren Sie die Ecken der beiden großen Dreiecke ca. 3 cm vor dem Ende der Zweige zuerst mit dem Bindedraht, dann wickeln Sie über den Draht den Bindfaden, um es optisch zu verschönern. Legen Sie nun die beiden Dreiecke entgegengesetzt aufeinander und verbinden Sie diese noch einmal miteinander, damit sie nicht auseinanderfallen. So erhalten Sie einen natürlichen Stern mit 6 Ecken. Schneiden Sie zum Schluss die Zweige alle gleich lang ab.

Die Rau(ch)nächte
Das Räuchern

4.
Rau(ch)nächte & Räuchern

Das Element Feuer fasziniert die Menschen schon seit Hunderttausenden von Jahren. Es spendet uns Licht und Wärme, es schenkt uns Ruhe und Schutz. Es verbindet Menschen miteinander und verändert unsere Ernährung. Dann gibt es aber auch die andere Seite, die des zerstörenden Elements.

In den Familien unserer Vorfahren hatte eine der Töchter meist die Aufgabe des "Aschenputtel". Meist war es die jüngste Tochter des Hauses, die die Hüterin des Feuers war. Ihre Aufgabe war es, das Feuer vor dem Erlöschen zu schützen, falls notwendig, dass Flammenkind wieder zu rufen und es zu nähren. Die Feuerstelle im Haus war der wichtigste Punkt, fast ein heiliger Raum.

Durch das Verbrennen von verschiedenen Hölzern nimmt man unterschiedliche Gerüche wahr. Harze von Nadelbäumen riechen sehr stark und aromatisch, Düfte von Kräutern dagegen oft sanfter. Unsere Vorfahren, die über großes Natur- und Kräuterwissen verfügten, spürten, welche unterschiedlichen Wirkungen der Rauch hat.

So entwickelten sich Räucherrituale, die von Druiden und Heilern aller Zeiten und in allen Kulturkreisen durchgeführt wurden. Wenn der Rauch des Feuers in den Himmel stieg, war man sich sicher, konnte man sich mit den Göttern verbinden.

Noch heute spielen bei Nomadenvölkern Rituale am Lagerfeuer eine große Rolle. So kann man als Fremder an ein Lagefeuer kommen und einfach dabei sein, ohne nach seinen Beweggründen gefragt zu werden. Als ich vor einigen Jahren in Jordanien war, erzählte unser Reiseleiter Momo, der selbst sicher mehr als 40 Jahre als Nomade gelebt hatte, von den Lagerfeuern und ihren Geschichten. Nächtelang konnte ich ihm lauschen, dazu das Prasseln des Feuers und der Sternenhimmel im Wadi Rum.

Es war so faszinierend für mich, diese Lagerfeuertraditionen kennen zu lernen. Er erzählte Geschichten vom nomadischen Leben und über das Verräuchern von kostbaren Harzen.

So wie dort, entwickelte sich auch in unserem Kulturkreis das Räuchern über eine ganz lange Zeit. Seitdem wir das Feuer nutzen, räuchern wir. Das Räuchern zieht sich durch alle Hochkulturen der Welt und durch alle Zeiten. Überall wurden die heiligen, heilenden und segnenden Düfte aus Hölzern, Kräutern und Harzen genutzt, um mit den Göttern Kontakt aufzunehmen, energetisch zu reinigen und die Seele wieder ins Gleichgewicht zu bringen.

In unserem Kulturkreis, besonders in den Bergregionen, hat man vor allem in den Rau(ch)nächten die Kraft des Rauches genutzt.

Im Namen "Rau(ch)nacht" oder "Räuchernacht" findet sich bereits der Hinweis zum Räuchern. Im Harz, wo ich zu Hause bin, ist das Räuchern etwas in Vergessenheit geraten. In der Alpenregion gehört es zum täglichen Leben. So sieht man an Ställen oder Toren oft flache Metallpfannen mit einem langen Stiel, sogenannten Räucherpfannen, mit denen durch Häuser und Ställe gegangen wird, um diese auszuräuchern. Früher gehörten diese Rituale unmittelbar zu den Jahreskreisfesten. Seit frühesten Zeiten wurde besonders in der Adventszeit und rund um Weihnachten mit duftenden Kräutern und Harzen geräuchert.

Häuser wurden ausgeräuchert und danach mit Weihwasser besprengt.
Räucherungen dienten als Ehrerweisung an die Götter. Sie wurden um Rat gefragt und um Segen gebeten. Andererseits trieb man mit den Räucherungen Krankheitsdämonen und Geister aus, sie dienten zum Orakeln oder waren hilfreich beim Gebet.

Natürlich wurden die Tiere nicht vergessen. Sie waren auf den Höfen überlebenswichtig. Um ihre Gesundheit zu schützen, ging man mit den rauchenden Pfannen durch die Ställe. Man bat um Schutz und betete, dass die Tiere den langen, kalten Winter gut überstehen mögen. Mit dem Rauch schwebte der Wunsch in den Himmel und fand so hoch oben Eingang bei den Göttern.

In den Raunächten gehört der Rauch als fester Bestandteil dazu, um in Kontakt mit den geistigen Ebenen zu gelangen und das Bewusstsein zu erweitern. Gleichzeitig ist es ein schönes Ritual, welches wieder zu erleben und zu erlernen große Freude macht.

4.1.

Wie man räuchert

Wir kennen heute mehrere verschiedene Formen des Räucherns.

Das Räucherbündel

Die einfachste Form ist das Verräuchern von Räucherbündeln. Diese Bündel kann man im Sommer aus duftenden Kräutern selbst binden.
Für solche Bündel sammelt man z.B. blühende Beifußstängel. Man schneidet einige von ihnen und bindet sie mit einem natürlichen Bindfaden zu einem Bündel zusammen. Andere Pflanzen, wie der Salbei oder Lavendelzweige, dürfen natürlich gerne mit hineingebunden werden. Beifuß und Salbei eignen sich sehr gut, weil sie ätherische Öle enthalten, die dafür sorgen, dass das Bündel von alleine glimmt. Nicht zu viele, sonst brennt es nicht so gut. Schneiden Sie zum Schluss das Bündel in ca. 20 cm Länge und hängen es zum Trocknen kopfüber auf.

Soll nun mit dem Kräuterbündel geräuchert werden, zündet man es am oberen Ende an. Es beginnt zu glimmen und zu rauchen. Mit einer Räucherfeder oder einem Räucherfächer wedelt man immer etwas Luft zu, damit das Bündel gut raucht.

Eine kleine Schale darunter gehalten, verhindert das Herunterfallen von Asche.

Das Räucherstövchen (Das sanfte Räuchern)

Um die Wirkung einer Pflanze beim Räuchern kennenzulernen, nutze ich ein Räucherstövchen. Ähnlich wie in einer Duftlampe liegen beim sanften Räuchern die Kräuter oder Harze auf einem Stövchen, auf dem ein Räuchersieb liegt, unter dem wiederum ein Teelicht brennt. Wenn der Abstand zwischen Teelicht und Sieb ca. 8-10 cm ist, brennen die Kräuter auf dem Sieb nicht an, sondern verduften ganz sanft. Durch die sanfte Wärme werden die Kräuter oder Harze erwärmt, die ätherischen Öle strömen aus und so gehen die Düfte langsam in den Raum über. Ist der Abstand zwischen Sieb und Teelicht zu gering, können die darauf befindlichen Kräuter und Harze anbrennen. Dann legt man sie einfach mehr an den äußeren Rand, nicht direkt in die Mitte. Somit werden sie auch nicht zu heiß.
Für mich ist das eine wunderbare Methode zur Raumbeduftung.

Allerdings entsteht bei dieser Methode kein wirklicher Rauch. Der Rauch kann erst entstehen, wenn die Kräuter oder Harze verbrennen.

Räuchern auf Räucherkohle

Traditionell wird auf Räucherkohle geräuchert. Das ist am kraftvollsten. Nur so entsteht der charakteristische Rauch, der Häuser und Ställe ausgeräuchert hat. Früher nutzte man die Glut aus den Öfen des Wohnhauses, um die Kräuter zu verräuchern. Heute gibt es spezielle Räucherkohle im Fachhandel zu kaufen. Das sind kleine runde Kohletabletten, die mit einer Lösung getränkt wurden, damit sie sich rasch entzünden. Diese runden Kohlen werden mit einem Feuerzeug oder mit einem Streichholz angezündet. Ein Funke entzündet die Kohle. Sie wird nun in eine feuerfeste Keramik- oder Räucherschale, die mit Sand gefüllt ist, gelegt. Den Sand braucht man, damit die Schale durch die Hitze nicht springt. Der Räuchersand muss nicht vor jeder Räucherung neu eingefüllt werden. Für das Halten der Kohle beim Entzünden gibt es spezielle Zangen. Ich benötige solche Zangen nicht, man kann die Kohle beim Anzünden vorsichtig anfassen.

Kurze Zeit später, wenn die Kohle durchgebrannt ist, ist sie rundherum mit weißer Asche überzogen. Dann gibt man eine kleine Menge (Prise) Räucherwerk auf die Kohle. Mit einer schönen großen Feder oder etwas Pappe wedelt man nun den Rauch in die Ecken des Zimmers.
Da die Kohle sehr heiß ist, verkohlt das Räucherwerk recht schnell. Damit der Verbrennungsgeruch der Kohle nicht den Räuchergeruch übertönt, schiebt man danach die verkohlten Reste des Räucherstoffes mit einem Stöckchen von der Kohle. Diesen Vorgang wiederholt man einige Male.

Für diese Räuchermethode benötigen sie einige Dinge:

- Räucherschale oder einen Kelch *(vorsichtig, so etwas kann heiß werden!)*
- Sand
- Räucherkohle
- Räucherwerk (Mischung oder Einzelkräuter)
- Stöckchen oder Löffel zum Abkratzen des Räucherwerks
- Räucherfeder oder Fächer
- Räucherzange zum Halten der Kohle beim Entzünden

Räuchern mit White Sage

Wem das Räuchern auf glühenden Kohlen zu anstrengend ist, kann diese schöne Methode versuchen. Für mich ist sie meine "unterwegs Räuchermethode". Ich habe immer eine kleine Blechschachtel mit White Sage und ein Feuerzeug im Rucksack. Somit habe ich meine "Reise-Räucherei" immer dabei.

Der Weiße Salbei (White Sage) ist eine Salbeiart, die in unserem Kulturkreis nicht heimisch ist. Ursprünglich kommt er aus dem Südwesten der Vereinigten Staaten. Der White Sage wird von Indianern zu Reinigungszeremonien verwendet.

Es ist eine der am stärksten reinigenden Räucherpflanze. Er eignet sich deshalb für das Reinigen von Räumen, bestimmten Plätzen, Seminarräumen, Ritualgegenständen oder für die Aura von Menschen.
Auch beim Neubezug eines Hauses ist er bestens geeignet. Er reinigt alte Häuser wunderbar von den Energien der vorherigen Bewohner. Stellen Sie sich bloß vor, was in alten Häusern schon alles passiert sein könnte. Da wurde vielleicht gestritten und gehasst. Das möchten Sie doch nicht übernehmen. Wir möchten doch alle in guter Energie leben.

White Sage reinigt, neutralisiert negative Energien und fördert die Konzentration.

White Sage bekommt man als lose Stücke oder zu kleinen Bündeln gebunden.
Die Bündel zündet man an, pustet die Flamme aus und nun glimmt es alleine vor sich hin.
Man benötigt keine Kohle.
Ich nutze eine große Muschel zum Ablegen des glimmenden Salbeis.

Unser heimischer Salbei ist ebenfalls eine Räucherpflanze, allerdings funktioniert die beschriebene Methode nur mit dem White Sage gut.

4.2.

Womit wird geräuchert

Nun stellt sich die Frage, was wir verräuchern können.

Pflanzen, Hölzer und Harze haben durch unterschiedliche Inhaltsstoffe verschiedene Wirkungen. Wenn man mit Pflanzen räuchert, werden diese Stoffe frei. Durch das Verräuchern wird aber noch eine andere Ebene der Pflanze frei, die feinstoffliche, die Seelenebene einer Pflanze.
So schaffen wir es, beim Räuchern die grobstoffliche und die feinstoffliche Ebene anzusprechen und zu nutzen. Diese beiden Wirkungsebenen machen eine Pflanze aus.
Räucherungen können zum Beispiel antibakteriell oder hustenreizmildernd wirken, das wäre die materielle Ebene. Durch den Rauch wird zudem auch die feinstoffliche Ebene der Pflanze freigesetzt, die Seele oder der Pflanzengeist. Diese feinstoffliche Ebene kann dann auf unser Seelenleben Einfluss nehmen.

Ich möchte Ihnen nun einige Kräuter, Hölzer oder Harze vorstellen, die traditionell in den Raunächten verbrannt wurden und sich auch sonst gut als Räucherpflanze eignen.

Wichtige Räucherkräuter:

Der Beifuß

Der Beifuß galt immer schon als große Schutzpflanze und wächst überall. Unsere Vorfahren nutzten ihn nicht nur in der Heilkunde. Da nannte man ihn "die Mutter aller Heilpflanzen". Wie groß sein Anwendungsbereich war, können wir heute kaum noch nachvollziehen. In der Pflanzenheilkunde zählt der Beifuß zu den Entgiftungspflanzen. In der Schwangerschaft darf er nicht angewendet werden.
Als traditionelle Räucherpflanze hat er bis heute einen festen Platz. Er war die Räucherpflanze, die sogar verzauberte Speisen wieder entzaubern konnte. Gegen schadenbringende Kreaturen, negative Spannungen und zur Reinigung fand er Anwendung.
Der Beifuß ist eine Räucherpflanze aus keltisch-germanischen Zeiten. Er gilt als Schutzpflanze gegen Hexen, Teufel und Krankheitsdämonen. Beim Räuchern öffnet er unseren Geist und wirkt gegen allerlei Verzauberung und Verfluchungen.
Ernte: blühendes Kraut von August bis Ende September sammeln.

Der Salbei

Der Salbei wird in der Kräuterheilkunde wegen seiner Gerbstoffe und ätherischen Öle genutzt. Er hilft bei Entzündungen im Mund- und Rachenraum und heilt Wunden. Zudem nutzt man ihn bei starkem Schwitzen und wegen seines kräftigen Geschmacks als Würzkraut in der Küche.
Wegen seines intensiven Duftes ist er eine wunderbare Räucherpflanze. Er reinigt bei Streitigkeiten im Haus, befreit von negativen Energien und wirkt heilend.
Salbei ist eine starke Räucherpflanze mit etwas kratzigem Duft.
Ernte: Blätter und Blüten im Sommer/Herbst

Das Johanniskraut

Das Johanniskraut ist die Pflanze für die Nerven und alles was damit zusammenhängt. Als Tee, Tinktur oder Wein nutzt man es bei Depressionen und anderen psychischen Störungen. Sein roter Ölauszug hilft bei Schmerzen und Entzündungen. Es ist mein "Zauberöl", das ich bei vielen verschiedenen Erkrankungen anwende. Innerlich bei Magenbeschwerden, Halsschmerzen oder äußerlich bei Gelenkschmerzen, Neuralgien oder schmerzenden Gelenken sowie bei Wunden und Narben.

Beim Räuchern bringt es, wie im körperlichen Bereich, Licht in unsere Seele. Es ist ein Mittel gegen Schwermut und zählt zu den Pflanzen für einen Neubeginn. Es vertreibt die Melancholie des Abschieds und hat einen sanften Geruch.
Ernte: das blühende Kraut ab 21. Juni.

Die Rose

Die Rose ist eine Pflanze, die dem Planeten Venus unterstellt ist. Die Venus steht für alles Harmonische, Weibliche und Sanfte. Venusische Pflanzen sind wohlwollend und gehören in Rezepturen für Frauen.
Rosenblütenblätter öffnen beim Räuchern unser Herz, wirken harmonisierend und verbindend.
Sie duften ganz sanft, leider verliert sich der Duft rasch.
Sobald man eine neue Mischung auf die Kohle legt, können Rosenblütenblätter den Duft im Raum neutralisieren.
Ernte:
blühende Wildrosenblüten und Gartenrosenblüten im Sommer

Der Lavendel

Lavendel wirkt beruhigend. Man nutzt ihn für Tees und Bäder. Das ätherische Öl, in einem Stövchen verdampft, wirkt ausgleichend und beruhigend.
Beim Räuchern duftet er fein, beruhigt, reinigt und klärt. Er kann in Mischungen Verwendung finden. Zusätzlich verhilft er zu einem klaren Blick auf die Dinge. Auch der Lavendel kann, wie die Rose, Düfte neutralisieren bevor eine neue Mischung aufgelegt wird.
Ernte: die Blüten im Sommer

Die Schafgarbe

Die Schafgarbe wird als Bitterstoffpflanze in der Kräuterheilkunde hoch geschätzt. Sie hilft bei Verdauungsstörungen. Zusätzlich ist sie eine wunderbare Frauenheilpflanze, die gleichzeitig das Venensystem unterstützt. Als Salbe hat sie sich bei verschiedenen Krankheitsbildern einen guten Namen gemacht.
Beim Räuchern hilft sie die Wahrheit zu erkennen. Sie schützt vor negativen Energien und ist eine Schutzpflanze für kleine Kinder. Sie verbreitet einen sanft herben Geruch.
Ernte: die Blüten im Sommer

Das Mariengras

Als Räucherpflanze hat sie einen feinen, vanilligen Duft. Das Mariengras wird mit der Göttin Freya in Verbindung gebracht und bringt Glück ins Haus. Die Wirkung ist ausgleichend und entspannend.
Ernte: im Sommer das Gras, dann die Halme zum Zopf flechten (kann man in Gärtnereien kaufen - das lohnt sich, weil es herrlich duftet!)

Der Thymian

Der Thymian hat den Volksnamen "Das Antibiotikum der armen Leute". Er ist eine starke Pflanze im körperlichen Bereich für Entzündungen und eine klassische Hustenpflanze, besonders bei krampfhaftem Husten. Sein Tee wirkt bei verschiedenen Entzündungen im Körper.
Im feinstofflichen Bereich wirkt er desinfizierend, reinigend auf negative Energien und verbessert die Konzentration.
Ernte: Blätter und auch Blüten im Sommer

Der Rosmarin

Der Rosmarin ist eine anregende Pflanze, die zum Beispiel bei niedrigem Blutdruck Verwendung findet. Auch als Gewürzpflanze in der Küche aromatisiert er Speisen.
Beim Räuchern wirkt er herzöffnend und vertreibt dunkle Gedanken. Er regt an und hat eine aphrodisierende Wirkung. Deshalb kommt er in Liebesräucherungen. Der Rosmarin kann die Seelen von Verstorbenen ins Licht führen. Er hat einen frischen Geruch.
Ernte: Blätter und Blüten im Sommer

Die Mistel

Die Mistel galt als "Allesheilerin", als Zauberpflanze, und hatte bei unseren Ahnen einen ganz besonderen Platz. Sie hält sich nämlich überhaupt nicht an Regeln. Sie wächst in einem Zwischenraum an vielen unterschiedlichen Bäumen, aber immer zwischen Himmel und Erde. Die Mistel wächst auch nicht dem Licht entgegen, wie Pflanzen sonst, sondern immer als Kugel ringsherum. Ihre Früchte trägt sie im Winter, was sie zu einer Hoffnungsträgerin macht. Sie hilft in Räucherungen zu träumen, sie schützt und baut auf. Die Mistel ist eine große Schutzpflanze. Unsere Vorfahren verräucherten sie zum Blitzschutz, um Unglück zu vermeiden und gegen Krankheiten. Sie hat einen sanft herben Geruch.
Ernte: Blätter im Jahr

Der Alant

Der stattliche Alant mit seinen sonnigen Blüten ist eine Pflanze bei Atemwegserkrankungen.
Zum Räuchern verwendet man Wurzelstücke. Sie reinigen die Raumluft, wirken schützend und stimmungsaufhellend. Der Duft ähnelt dem vom Weihrauch, nur viel sanfter.
Ernte: die Wurzel im Herbst, kleinschneiden und gut trocknen.

Die Engelwurz

Die Engelwurz ist ein Engel in Pflanzengestalt. Als Bitterstoffpflanze hilft sie der Verdauung. Ihre Wurzel ist Bestandteil vieler Kräuterliköre. Zudem wirkt sie stimmungsaufhellend und gilt als große Schutzpflanze.Im feinstofflichen Bereich nutzt man die

schützende und angstlösende Kraft. Sie reinigt, hilft loszulassen und vertreibt dunkle Gedanken.
Sie duftet beim Räuchern würzig.
Ernte: Wurzel im Herbst, Blüten und Blätter im Sommer, Samen im Spätsommer

Der Holunder

Der Holunder hat seinen Platz in der Kräuterheilkunde als immunstärkende Pflanze, die bei Erkältungskrankheiten als Tee oder Fruchtsaft getrunken wird. Früher hat man alle Pflanzenteile des Holunders verwendet, heute nur noch die Blüten und Früchte.
Mit den Blüten, dem Holz und dem Mark des Holunders begleitet man räuchernd alle Lebensthemen von der Geburt bis zum Tod. Im Hollerbusch ist der Wohnort der Frau Holle (Frau Percht) und so kann er den Kontakt zu den Ahnen herstellen. Holunder wirkt segnend und gegen Krankheitsdämonen. Er hat einen sanften, lieblichen Duft.
Ernte: Blüten im Frühling, Mark und Holz im Jahresverlauf

Der Wacholder

Wer im Bergland oder in Heidelandschaften unterwegs ist, kann den Wacholder und seine Beeren sammeln. In Räucherungen verbindet er mit den Ahnen. Wer ihn selbst sammelt, spürt seine stacheligen Nadeln. Das wurde früher als Signatur dafür gedeutet, dass er Dämonen fernzuhalten vermag. Er schützt, reinigt und desinfiziert Krankenzimmer. Zusätzlich erdet er uns und öffnet die Tore in andere Welten. Er duftet würzig und stark.
Ernte: Beeren und Nadeln im Jahresverlauf

Die Fichte

Die Fichte gilt als weiblicher Baum und trägt im Volksmund die Bezeichnung Waldweihrauch. Sie wirkt desinfizierend, schützt vor bösen Mächten und schafft eine liebvolle Atmosphäre. Sie duftet aromatisch und fein.
Das Harz der Fichte kann ebenfalls verräuchert werden. Das frische Harz der Fichte ist milchig-weißlich-gelb. Es ist weich und klebt sehr. Dieses Harz ist noch zu frisch und muss sehr lange trocknen. Die dunklen Harzstücke am Baum sind trocken und können verräuchert werden. Es wirkt heilend auf alte seelische

Wunden, es reinigt Häuser und Ställe und hat einen harzig erdigen Duft. Im Handel ist es als Burgunderharz erhältlich.
Ernte: Nadeln im Jahresverlauf, Harz im Jahresverlauf

Die Tanne

Die Tanne ist der Gegensatz zur Fichte, der männliche Baum. Werden die Nadeln zwischen den Fingern angequetscht, duften sie lieblich zitronig. So riecht auch ihr Rauch - zauberhaft, sanft zitronig. Sie ist ein großer Schutzbaum, hilft gegen Wut, Trauer und bei Streitigkeiten im Haus. Sie bringt Licht, Wärme und Sonne.
Ernte: Harz und Nadeln im Jahresverlauf

Das Kiefernharz

Die Nadeln und das Harz der Kiefern können ebenfalls gut verräuchert werden. Es stärkt das Selbstbewusstsein, entspannt und ist gut für die Atmung. Es hilft gegen Hexen und Zauberei.
Ernte: Harz und Nadeln im Jahresverlauf

Die Lärche

Lärchennadeln und das Harz gibt Leichtigkeit, löst Festgefahrenes auf und gibt Helligkeit in dunkle Gedanken. Es hat einen balsamischen Geruch.
Ernte: Harz und Nadeln im Jahresverlauf

Tipp

Ich sammle meine Räucherkräuter meist selbst. White Sage, edle Hölzer oder Harze kaufe ich zu. Die Kräuter trockne ich nach dem Sammeln gut und verpacke sie in Gläsern oder kleinen Pappkartons.

Sie können die Räucherkräuter einzeln verräuchern. Die einzelnen Stoffe kann man auch mischen. In jede gute Räuchermischung gehört zum Abrunden ein Harz. Bei Mischungen ist es manchmal sinnvoll, diese in einem Mörser etwas anzumörsern, damit die Harze und groben Kräuterstücke zerkleinert werden. Das muss man aber nicht unbedingt tun.

Wenn Sie die Baumharze der Nadelbäume selbst sammeln, achten Sie bitte darauf, den Baum nicht noch mehr zu schädigen. Das Harz tritt immer dann aus, wenn der Baum eine Wunde schließen muss. Deshalb bitte nur die Teile abnehmen, die leicht abgehen, sonst fügen Sie dem Baum noch weitere Wunden zu.

Edle Harze, die nicht aus unserem Kulturkreis stammen, muss man im Handel kaufen, so der Weihrauch, die Myrrhe, Styrax, Dammar und andere.

Der Weihrauch

Das Harz des Weihrauchbaums kennt man aus Kirchen. Es schützt vor negativen Energien, hebt die Stimmung und vertreibt Ängste. Zusätzlich stellt es den Kontakt zu den Göttern her.

Die Myrrhe

Die Myrrhe, das Harz des Blasmastrauches, wirkt wie eine Umarmung. Beruhigend stellt sich das Gefühl von "hier bin ich zu Hause" ein.

Das Styrax

Styrax duftet süßlich-balsamisch und ist das Harz des Amberbaumes. Schon ohne Rauch duftet es wunderbar warm und herzöffnend. Es hilft bei Nervosität und großem Stress.

Das Dammar

Dammar ist ein Harz eines Laubbaumes, das leicht und zitronig duftet. Es bringt Licht und Beschwingtheit sowie positive Energie in einen Raum.

Tipp

Falls Sie die weiteren unten angegebenen Zutaten für die jeweilige Raunacht nicht im Haus haben, ist das gar kein Problem. Die Angaben verstehen sich nur als Idee. Was genau unsere Ahnen in alten Zeiten verräucherten, ist nicht wirklich klar. Falsch machen kann man nichts.

Nadeln oder Harze von Nadelbäumen wie Fichte oder Lärche finden Sie sicherlich in der Natur. Schauen Sie in Ihren Gewürzschrank und probieren Sie aus, was ihnen gefällt. Wie wäre es mal mit dem Sternanis, Gewürznelken, Tonkabohnen oder Zimt. Dadurch werden krautige Mischungen duftender.

Bitte verwenden Sie keine giftigen Pflanzen wie die Eibe. Sie könnten schwere Vergiftunggserscheinungen hervorrufen. Wir möchten doch die Rauchnächte genießen und gespannt sein auf die Dinge, die uns erwarten.

4.3.

Räucherritual

Eine alte Tradition ist es, in den Raunächten oder auch schon in der Adventszeit Räucherrituale durchzuführen. Diese Rituale sind uralt und im Volksglauben verankert. Wie man diese Rituale genau durchführte, ist heute nur teilweise überliefert. Vieles von diesem alten Wissen ist verloren gegangen. Es gibt kein richtig oder falsch. Rituale unterbrechen unser Alltagsgeschehen und geben uns einen neuen Blickwinkel frei. Wichtig ist, sich auf die Rituale einzulassen, diese achtsam durchzuführen und mit guten Gedanken dabei zu sein.
Rituale benötigen oft etwas Vorbereitungszeit und sollten wiederholt werden. Wenn Sie meinen, das Ritual nicht richtig gemacht zu haben, vertrauen sie darauf, dass alleine der gute Gedanke zählt. Wenn Sie die Rituale wiederholen, wird Ihnen die Vorgehensweise vertrauter werden.

Meist räuchert man bei einem Räucherritual die Wohnräume oder das Haus aus, um es von Streit, Krankheit und schlechten Gedanken zu reinigen, damit das Neue kommen kann und sich wohl fühlt.
Nachdem der Wohnraum sauber und aufgeräumt ist, kann er energetisch gereinigt werden.

Stellen Sie sich alle oben genannten Zutaten zurecht.
Legen Sie Kohle und Räucherwerk bereit.
Schließen Sie alle Fenster im Haus.
Nun startet man am heiligsten Platz im Haus, in der Küche, am heiligen Feuer. Da wir sicherlich keine offenen Feuerstellen mehr haben, nimmt unser Herd jetzt diesen Platz ein.
Entzünden Sie das Räucherwerk in Ihrer Räucherschale.
Nehmen Sie die Schale in die Hand, pusten Sie einige Male hinein, damit alles gut raucht und drehen Sie sich im Uhrzeigersinn dreimal um sich selbst.
Dann gehen Sie im Uhrzeigersinn in die Ecken des Raumes und wedeln den Rauch in die Ecke.
Dazu können Sie ein Mantra singen oder sprechen - wenn Sie sich nicht trauen, auch gedanklich.
So gehen sie nun in den Keller, die anderen Räume des Erdgeschosses und anschließend in die obere Stockwerke - Raum für Raum.
Wenn es irgendwie geht, vergessen Sie auch den Dachboden nicht.
Zum Ende des Rundgangs finden Sie sich wieder in der Küche ein.
Dort drehen Sie sich mit der rauchenden Schale noch dreimal um sich selbst und nun können Sie das Räucherwerk löschen.

Warten Sie einige Minuten ab und gehen Sie den Weg noch einmal, um die Fenster zu öffnen.
Das, was Sie mit der Räucherung gelöst haben, soll verschwinden und nicht im Haus bleiben.

Vielleicht visualisieren Sie den entweichenden Rauch. Stellen Sie sich vor, wie nun die schlechten, negativen Energien ihr Haus verlassen und Platz machen für einen klaren, guten Neubeginn. Meist spürt man schon beim ersten Mal, wie es sich leichter und beschwingter anfühlt.
Sollten Sie nach der Räucherung feststellen, dass Sie die Richtung beim Rundgang verwechselt haben oder Sie nicht genau nach den Vorgaben gehandelt haben, ist das gar nicht problematisch.
Versuchen Sie es am nächsten Tag erneut.

Die innere Einstellung zählt!

Lagerfeuerritual- Räuchern am Lagerfeuer

Auch am Lagerfeuer kann man solch kleines Räucherritual durchführen. Besonders am 21. Dezember zur Wintersonnenwende hat man im alten Brauchtum mit Feuern den dunkelsten Zeitpunkt und somit die Wiedergeburt des Lichtes gefeiert. Auch zur Sommersonnenwende, dem entgegengesetzten Wendepunkt im Sonnenjahr, wurde mit Feuern das Licht gefeiert. Noch heute werden in den Bergregionen an diesen Tagen überall große Feuer entfacht. Ein Lagerfeuer können Sie in ihrem Garten vielleicht auch anzünden. Auf dem Balkon kann man evtl. auf einem kleinen Grill oder in einem alten Topf, ein kleines Feuer entzünden.
Sobald das Feuer heruntergebrannt und eine schöne Glutschicht vorhanden ist, können Sie Beifuß, Wacholder oder Tannenzweige auf die Glut legen und diese verräuchern lassen.
Schreiben Sie einen oder mehrere kleine Zettel. Auf diesen Zettel schreiben Sie Dinge, die Sie nicht mehr möchten, die in Ihrem Leben keinen Platz mehr bekommen sollen. Werfen Sie diese Zettel in die Glut. Diese Wünsche werden sich dann auf dieser Glut sprichwörtlich "in Rauch auflösen". Somit sind sie nicht mehr da!
Mit diesem Rauch steigen auch Ihre guten Wünsche zu den Göttern in den Himmel auf.

Der Abend kommt

Der Abend kommt von weit gegangen
durch den verschneiten, leisen Tann.
Dann presst er seine Winterwangen
an alle Fenster lauschend an.

Und stille wird ein jedes Haus;
die Alten in den Sesseln sinnen,
die Mütter sind wie Königinnen,
die Kinder wollen nicht beginnen
mit ihrem Spiel.

Die Mägde spinnen nicht mehr.
Der Abend horcht nach innen,
und innen horchen sie hinaus.

Rainer Maria Rilke

Eigene Notizen zum folgenden Thema

Die Raunächte

1. Raunacht

25. Dezember

~ Altes abschließen ~

Hier ist Platz für
Ihre Familiengeheimnisse:
Rezepte, Geschichten, Traditionen.

____

____

____

____

____

____

____

____

____

____

____

Gedicht

zur 1. Raunacht

„Öffnet weit die Fenster und die Türen,
der Rauch in alle Ecken weht.
Und mit ihm geht
das Alte, längst Vergangene.
Und erst wenn alles ruht,
lasst uns ein neues Feuer schüren…"

K.R.H.

1. Raunacht

25. Dezember

~ Altes abschließen ~

1. Raunacht – 25.12.

– Altes abschließen –

Reinigen, Ballast loslassen, zur Ruhe kommen

Name: Christnacht oder Petrusnacht

Die 1. Raunacht steht für den Monat Januar. Sie ist eine der stärksten Raunächte.

In alten Zeiten wurden in dieser 1. Raunacht die Stuben ausgekehrt und dabei die Fenster weit geöffnet. Dieses Auskehren wurde nicht in Form von körperlicher Arbeit, sondern eher rituell vorgenommen. Dunkle, schwere und negative Energien sollten hinaus gescheucht werden. Der alte Ballast sollte hinaus, damit die stille Zeit beginnen kann. Mit der alten Formel: "Glück zieht herein, Pech zieht hinaus" hat man dieses Auskehren begleitet.

Gleichzeitig wurden Räucherrituale vollzogen. Damit löste man alte, negative Energien auf. Das ist sozusagen die feinstoffliche Methode zum Auskehren.

In alten Zeiten ist der Hausherr mit der gefüllten Räucherpfanne durch alle Räume des Hauses gegangen und hat sie ausgeräuchert. Die Hausherrin segnete danach mit Weihwasser die Räume.

Stellen Sie eine Räucherschale inmitten eines Raumes auf. Lassen Sie den Rauch so in jeden Winkel strömen. Sobald das Räucherwerk verloschen ist, öffnen Sie die Fenster ganz weit, damit die gelösten Energien nach draußen können. Danach könnten Sie mit Quellwasser ihren Räumen einen Segen schenken.

Am Abend des 24. 12. beginnt die festliche Zeit.

Der Weihnachtsbaum, das Symbol des wiederkehrenden und wieder erwachenden Lebens, in Form von immergrünen Gehölzen, ist festlich mit Kerzen und glitzernden Kugeln geschmückt. Manch einer war in der Kirche, die weihnachtlich hübsch verpackten Präsente sind verschenkt. Am Harzrand, wo ich zu Hause bin, ißt man traditionell Kartoffelsalat und Würstchen. Man kommt zur Ruhe und es verändert

sich etwas. Die "WeiheNächte", die Raunächte beginnen. Das kann man spüren. Kommen Sie zur Ruhe. Diese Stille sollte Sie nun in den nächsten Tagen begleiten.

Gedanken zur Raunacht:

Mit der 1. Raunacht sollen alte Dinge abgeschlossen werden.

Denken Sie in Ruhe über das vergangene Jahr nach:

Welche Erfahrungen waren in dem Jahr wichtig?

Welche Menschen haben dabei geholfen und sind Ihnen nah?

Welche Gewohnheiten wollten Sie schon lange ablegen, damit Platz für Neues geschaffen werden kann?

Ziehen Sie eine Karte aus einem Tarot-Set.

Beobachten Sie das Wetter am heutigen Tag.

Wer oder was macht diesen Tag besonders?

Wen haben Sie getroffen? Was war anders als sonst?

Vor allem achten Sie auf Ihre Träume. Was Sie heute Träumen, gibt Hinweise darauf, was im Januar passieren wird.

Tragen Sie all diese Dinge zusammen und notieren Sie alles in Ihrem Raunachtsbüchlein für den Monat Januar des neuen Jahres.

Räuchermischung:

Wacholder, Kiefernharz, Salbei, Beifuß, Rosmarin, Lavendel, Weihrauch

Bauernregeln:

Weihnacht im Schnee - Ostern im Klee.

Fallen die Christtage in den wachsenden Mond,

gibt's ein neues Jahr,

das sich wohl lohnt.

1. Raunacht

- Januar -

1. Wie war das Wetter heute?

……………………………………………………………
……………………………………………………………
……………………………………………………………
……………………………………………………………
……………………………………………………………
……………………………………………………………
……………………………………………………………
……………………………………………………………

2. Was habe ich geträumt?

……………………………………………………………
……………………………………………………………
……………………………………………………………
……………………………………………………………
……………………………………………………………
……………………………………………………………
……………………………………………………………
…………………………………………………………....

3. Gab es Besonderheiten an diesem Tag?

....
....
....
....
....

4. Welche Tarot-Karte habe ich gezogen und was ist ihre Bedeutung?

……………………………………………………………
……………………………………………………………
……………………………………………………………
……………………………………………………………
……………………………………………………………
……………………………………………………………
……………………………………………………

5. Vergessen Sie nicht, einen der dreizehn Wunsch-Zettel zu verbrennen!

2.Raunacht

26. Dezember

~ Still werden ~

Hier ist Platz für
Ihre Familiengeheimnisse:
Rezepte, Geschichten, Traditionen.

Gedicht

zur 2. Raunacht

„Lausche gut
und sieh die stillen Wälder.
Und auch in uns
alles ruht.
Nur in den Ställen
und den weißen Feldern,
raunen leis‘ die Tiere
sich die Zukunft zu…“

K.R.H.

2. Raunacht

26. Dezember

~ Still werden ~

2. Raunacht – 26.12.

-Still werden-

Vertraue, dass der Samen für das Neue in der Erde ruht.

Name: Stephani

Die 2. Raunacht steht für den Monat Februar.

Der heilige Stephan ist u.a. der Patron der Pferde. Deshalb dürfen heute alle Tiere einen besonderen Leckerbissen bekommen.

In dieser Raunacht erzählte man sich in den Bergregionen, dass die Pferde eines Hofes, nachdem sie einen Leichenwagen gezogen hatten, sehr traurig waren. Diese Traurigkeit verging erst wieder, wenn sie einen Hochzeitswagen ziehen durften. Auch raunen sich die Pferde im Stall heute die Zukunft zu. Leider darf man sie dabei nicht belauschen, das würde mit dem Tode bestraft werden. Die Tiere im Stall werden sich heute auch über schlechte Behandlung durch ihren Herrn beschweren. Sollte das so sein, wird dem Herrn im kommenden Jahr Unheil passieren oder er sogar mit dem Tode bestraft werden.

Für mich persönlich ist das der beste Tag, eine kleine Waldweihnacht zu feiern, um den Tieren im Wald etwas Gutes zu tun und sie zu segnen.

Gedanken zur Raunacht:

Die 2. Raunacht steht für die Stille. Nur dadurch haben wir die Gelegenheit für eine Innenschau. Nutzen Sie die Möglichkeit zu einer Meditation.

Suchen Sie sich einen guten Sitzplatz, möglicherweise sogar in der Natur. Ziehen Sie sich dafür warm an und entzünden Sie die Räucherschale.

Atmen Sie ein paar Mal tief ein und aus.

Schließen Sie ihre Augen.

Lauschen Sie den Geräuschen.

Hören Sie den Wind?

Vielleicht regnet oder schneit es?

Möglicher Weise können Sie das leise Fallen der Wassertropfen hören?

Bellt ein Hund in der Nähe oder duftet es nach irgendetwas?

Nehmen Sie es einfach nur wahr und lauschen Sie der Stille. Atmen Sie ruhig weiter.

Lassen Sie Ihre Gedanken kommen und wieder ziehen und genießen Sie den Augenblick.

Wenn Sie wieder zu Hause sind, beantworten Sie sich die Frage:

> Sind Sie gut mit Stille zurechtgekommen?
>
> Haben Sie sich leicht ablenken lassen?
>
> War Ihnen das sogar ganz recht?

Machen Sie sich Notizen in Ihr Raunachtstagebuch. Wenn Sie aus den Tiefen Ihres Inneren zurückgekehrt sind, können Sie in Ihrem Büchlein folgende Fragen beantworten:

> Was hat mich im letzten Jahr besonders bewegt?
>
> Welche Erkenntnis ziehe ich daraus für das kommende Jahr?

Sicherlich gibt es Dinge, die im Jahr nicht schön waren oder Sie bis heute belasten.

Vielleicht können Sie sich anfreunden mit diesen vergangenen Dingen und inneren Frieden finden.

Ziehen Sie Ihre Tarotkarte für den 2. Monat, schreiben Sie Ihre Träume auf, achten Sie auf Dinge, die am Tag geschehen und auf das Wetter.

Vielleicht hatten Sie sogar ein schönes Erlebnis mit einem Tier.

Denken Sie daran, den Wunsch-Zettel zu verbrennen.

Räuchermischung:

Räuchern Sie heute mit: Weihrauch, Salbei, Rose, Alant, Mädesüß

Bauernregeln:

"Windstill muss St. Stephan sein,

soll der nächste Wein gedeihn"

2. Raunacht

- Februar -

6. Wie war das Wetter heute?

……………………………………………………………
……………………………………………………………
……………………………………………………………
……………………………………………………………
……………………………………………………………
……………………………………………………………
……………………………………………………………
……………………………………………………………

7. Was habe ich geträumt?

……………………………………………………………
……………………………………………………………
……………………………………………………………
……………………………………………………………
……………………………………………………………
……………………………………………………………
……………………………………………………………
…………………………………………………………....

8. Gab es Besonderheiten an diesem Tag?

....
....
....
....
....

9. Welche Tarot-Karte habe ich gezogen und was ist ihre Bedeutung?

……………………………………………………………
……………………………………………………………
……………………………………………………………
……………………………………………………………
……………………………………………………………
……………………………………………………………
……………………………………………………

10. Vergessen Sie nicht, einen der dreizehn Wunsch-Zettel zu verbrennen!

3. Raunacht

27. Dezember

~ Sich öffnen ~

Hier ist Platz für
Ihre Familiengeheimnisse:
Rezepte, Geschichten, Traditionen.

Gedicht

zur 3. Raunacht

„Durch die stillen Nächte
zieht ein sanfter Dunst.
Und in den Nebeln reisen
die Ahnen, voller Gunst.
Sie sind in meiner Seele,
unsichtbar und still,
und helfen mir zu wagen,
was ich wirklich will..."

K.R.H.

3. Raunacht

27. Dezember

~ Sich öffnen ~

3. Raunacht - 27.12.
-Sich öffnen-

Aufbruch - es will wachsen

Name: Apostel Johannes

Die 3. Raunacht steht für den Monat März.

Einer alten Regel folgend, wurden an diesem Tag aus neun verschiedenen getrockneten Pflanzen kleine Futterbündel für Tiere hergestellt und verfüttert. Diese Mischung aus Kraut und Wurzel von Schafgarbe, Brennnessel oder Löwenzahn und anderen Pflanzen sollten den Tieren des Hofes übers Jahr gute Gesundheit schenken und gleichzeitig Abwehrzauber gegen Dämonen verleihen.

Oft hört man, dass es neun Pflanzen sein sollten. Die Neun ist eine heilige Zahl. Sie entsteht aus Drei mal Drei. "Alle guten Dinge sind drei", die göttliche Dreifaltigkeit, die drei göttlichen Tugenden: Glaube, Liebe Hoffnung usw. Die Drei ist ebenfalls eine heilige Zahl, die, wenn man sie mit Drei multipliziert, die heilige Zahl Neun ergibt.

Man kennt heute noch einen ähnlichen Brauch vom Maria Himmelfahrtstag, dem 15. August. An diesem Tag werden Kräuterbuschen aus 9, manchmal auch 21 oder 99 Pflanzen, gebunden und in der Kirche geweiht. Diese geweihten Kräuterbuschen werden dann in den Herrgottswinkel der Bauernhäuser gestellt und u.a. zu Räucherungen in den Raunächten verwendet.

Gedanken zur Raunacht:

In der heutigen Raunacht geht es um die Zukunft. Schauen Sie sich genau an, was Sie im nächsten Jahr tun möchten.

> Was sind Ihre Pläne?
>
> Halten Sie diese Gedanken schriftlich fest, dann bekommen sie mehr Kraft!
>
> Überlegen Sie, welche Wege Sie dafür gehen müssen?
>
> Welches ist Ihr nächster Schritt?

Traditionell richtet man an diesem Tag ein Ahnentischchen her.

Suchen Sie ein kleines schönes Plätzchen für Ihre Ahnen, für die, die nicht mehr hier auf Erden sind - zur lieben Erinnerung. Ein feines Deckchen, ein Foto,

einige schöne Naturmaterialien, Äpfel oder Nüsse als Speisen und natürlich eine Kerze, um sich zu erinnern. Vielleicht haben Sie eine keine Räucherschale oder ein Räuchermännchen. Ihre Ahnen würden Ihnen ganz sicher ein gesundes und erfolgreiches neues Jahr wünschen. Nutzen Sie diese Kraft Ihrer Ahnen! In vielen Kulturen kennt man eine lange Ahnenreihe. In unserem Leben kann man sich meist nicht so weit erinnern. Ehren Sie Ihre Vorfahren deshalb heute besonders.

Vergessen Sie nicht die Tarotkarte zu ziehen und sich Notizen zum Tag, zum Wetter und zu Ihren Träumen zu machen.

Räuchermischung:

Räuchern mit:

Weißer Salbei (white sage), Wacholderbeeren

Bauernregeln:

"Hat der Evangelist Johannes Eis,

dann macht der Täufer Johannes (24. Juni) heiß"

3. Raunacht

- März -

11. Wie war das Wetter heute?

……………………………………………………………………

……………………………………………………………………

……………………………………………………………………

……………………………………………………………………

……………………………………………………………………

……………………………………………………………………

……………………………………………………………………

……………………………………………………………………

12. Was habe ich geträumt?

……………………………………………………………………

……………………………………………………………………

……………………………………………………………………

……………………………………………………………………

……………………………………………………………………

……………………………………………………………………

……………………………………………………………………

……………………………………………………………………...

13. Gab es Besonderheiten an diesem Tag?

……………………………………………………………………

……………………………………………………………………

……………………………………………………………………

……………………………………………………………………

……………………………………………………

14. Welche Tarot-Karte habe ich gezogen und was ist ihre Bedeutung?

……………………………………………………………………

……………………………………………………………………

……………………………………………………………………

……………………………………………………………………

……………………………………………………………………

……………………………………………………………………

……………………………………………………………

15. Vergessen Sie nicht, einen der dreizehn Wunsch-Zettel zu verbrennen!

4. Raunacht

28. Dezember

~ Seinem Innersten vertrauen ~

Hier ist Platz für
Ihre Familiengeheimnisse:
Rezepte, Geschichten, Traditionen.

____

____

____

____

____

____

____

____

____

____

____

____

Gedicht

zur 4. Raunacht

„Ich kenne eine Weise,
die lächelnd uns umgibt.
Und heimlich, still und leise,
uns unablässig liebt…"

K.R.H.

4. Raunacht

28. Dezember

~ Seinem Innersten vertrauen ~

4. Raunacht – 28.12.

-Seinem Innersten vertrauen-

Liebevoll sich selbst umsorgen

Name: Tag der unschuldigen Kinder

Die 4. Raunacht steht für den Monat April.

Heute sollten Sie sich besonders um sich selbst kümmern. Diese Raunacht gilt als sehr ungünstig für neue Aufgaben. Beginnen Sie mit neuen Herausforderungen erst später. In den Raunächten dürfen Sie Arbeiten gerne einmal aufschieben.

König Herodes ließ alle männlichen neugeborenen Knaben töten, als er erfuhr, dass in Betlehem die Geburt Christi stattgefunden hat.

Wenn dem so wäre, dass das Christuskinde geboren würde, dann würde das für ihn nichts Gutes bedeuten.

Herodes schickte die Sternendeuter aus, die Sache zu prüfen. Sie fanden den Knaben, verrieten es Herodes aber nicht, weil Sie von seinem Vorhaben träumten.

Daraufhin flohen Jesus und Maria nach Ägypten. Herodes ließ in seiner Wut in Betlehem alle Knaben im Alter bis zu 2 Jahren töten. Aus diesem schrecklichen Grund begeht man noch heute das Fest der unschuldigen Kinder und gedenkt ihrer.

Gedanken zur Raunacht:

Das Thema der Raunacht ist heute der Umgang mit sich selbst.

> Sorgen Sie gut für sich?
>
> Können Sie Ihre Stärken in den Vordergrund stellen oder können Sie nur aufzählen, was Sie nicht können?
>
> Stellen Sie Ihr Licht nicht unter den Scheffel! Jeder Mensch ist besonders. Sie sind schön. Genießen Sie das!
>
> Überlegen Sie, wo Sie erfolgreich waren!
>
> Was haben Sie geschafft?
>
> Worauf sind Sie stolz?

Gehen Sie selbstbewusst in all die Herausforderungen des Alltags. Sie können alles schaffen. Glauben Sie an die Macht Ihrer Gedanken.

Schreiben Sie dies alles auf. Ziehen Sie eine Karte für den Monat April.

Wovon haben Sie geträumt? Wie war das Wetter am heutigen Tag? Hatten Sie heute ganz besondere Eindrücke? Wer ist Ihnen heute begegnet?

Räuchermischung:

Räuchern mit:

Myrrhe, Frauenmantel, Holunderholz, Eisenkraut

Bauernregeln:

"Sitzen die unschuldigen Kindlein in der Kälte,

vergeht der Frost nicht in Bälde."

4. Raunacht

- April -

16. Wie war das Wetter heute?

....
....
....
....
....
....
....
....

17. Was habe ich geträumt?

....
....
....
....
....
....
....
....

18. Gab es Besonderheiten an diesem Tag?

....
....
....
....
....

19. Welche Tarot-Karte habe ich gezogen und was ist ihre Bedeutung?

....
....
....
....
....
....
....

20. Vergessen Sie nicht, einen der dreizehn Wunsch-Zettel zu verbrennen!

5. Raunacht

29. Dezember

~ Den Körper als Tempel sehen ~

Hier ist Platz für
Ihre Familiengeheimnisse:
Rezepte, Geschichten, Traditionen.

____

____

____

____

____

____

____

____

____

____

Gedicht

zur 5. Raunacht

„Mir ist, als schliefe alles,
in meinem Haus und Garten.
Doch einsam ist es nicht.
Ich spür die scheuen Wesen,
die nur darauf warten,
dass ich umdreh' mich.
Nur um kichernd dann und lachend,
neu zu verstecken sich."

K.R.H.

5. Raunacht

29. Dezember

~ Den Körper als Tempel sehen ~

5. Raunacht - 29.12.

-Den Körper als Tempel sehen-

Partnerschaft und Liebe

Name: David / Heiliger Thomas

Die 5. Raunacht steht für den Monat Mai.

In dieser Raunacht waren nach dem alten Volksglauben die Hausgeister sehr aktiv. Das waren nicht unbedingt nur böse Geister. Man konnte sie mit einem Schälchen Milch gütig stimmen.

Vielleicht haben Sie einen kleinen Ritualplatz in der Natur vorbereitet. Schmücken Sie diesen heute mit Teelichtern, Naturmaterialien, Nüssen und Äpfeln. Da die Natur- und Gartengeister Milch sehr mögen, stellen Sie ihnen ein Schälchen davon hin. An diesem Platz können Sie ihnen zu Ehren zu Beginn der Dunkelheit ein Licht entzünden. So werden Sie die Naturwesen in Ihrem Umfeld beeindrucken und sie werden es Ihnen kommenden Sommer danken.

Heilkräuter haben in den Raunächten besonders starke Wirkung. Sie kennen alle Ihre eigenen Schwachstellen und heute beginnt man, den Körper damit zu verwöhnen. Bewegung, frische Luft, warme Bäder, Massagen, ausschlafen, ein warmer Tee, eine leichte köstliche Speise - dass alles sind Dinge für die jetzt Zeit ist. Tu dem Tempel deiner Seele etwas Gutes. Nur so kann sie sich darin wohl fühlen.

Besonders leuchtende Sommertees aus Holunderblüten, Lindenblüten und Johanniskraut tun heute gut. Sie bringen Licht und Wärme des letzten Sommers in jede Zelle Ihres Körpers. Genießen Sie den heißen Tee mit einer schönen Musik. Oder füllen Sie den Tee in eine Thermoskanne, ziehen sich warm an und gehen zu Ihrem Ritualplatz im Garten oder auf den Balkon. Vielleicht können Sie den Gartenelfen lauschen oder die Zwerge hören. Nehmen Sie kleine Kinder mit. Sie haben einen sehr leichten Zugang zur Natur und zu ihren Wesenheiten.

Gedanken zur Raunacht:

In dieser Nacht geht es um Wünsche - Wünsche nach Veränderung. Passen Sie gut auf, wer und was Ihnen begegnet.

Schreiben Sie alles auf.

Ziehen Sie die Karte und verbrennen Sie einen der 13 Zettel.

Achten Sie auf das Wetter.

Räuchermischung:

Räuchern mit: Thuja, Engelwurz, Dammar, Rose, Salbei

Bauernregeln:

Dezember mild, mit vielem Regen,

ist für die Saat kein großer Segen.

5. Raunacht

- Mai -

21. Wie war das Wetter heute?

……………………………………………………………

……………………………………………………………

……………………………………………………………

……………………………………………………………

……………………………………………………………

……………………………………………………………

……………………………………………………………

……………………………………………………………

22. Was habe ich geträumt?

……………………………………………………………

……………………………………………………………

……………………………………………………………

……………………………………………………………

……………………………………………………………

……………………………………………………………

……………………………………………………………

……………………………………………………………

23. Gab es Besonderheiten an diesem Tag?

……………………………………………………………

……………………………………………………………

……………………………………………………………

……………………………………………………………

……………………………………………

24. Welche Tarot-Karte habe ich gezogen und was ist ihre Bedeutung?

……………………………………………………………

……………………………………………………………

……………………………………………………………

……………………………………………………………

……………………………………………………………

……………………………………………………………

……………………………………………………

25. Vergessen Sie nicht, einen der dreizehn Wunsch-Zettel zu verbrennen!

6. Raunacht

30. Dezember

~ Denke nicht, sondern lasse entstehen ~

Hier ist Platz für
Ihre Familiengeheimnisse:
Rezepte, Geschichten, Traditionen.

____

____

____

____

____

____

____

____

____

____

Gedicht

zur 6. Raunacht

„Ich schaue hinaus
und spüre den Wind.
Wie er rauscht, erzählt,
raunt und singt.
Der Rauch steigt auf,
ich vertrau mich ihm an.
Es beschützt mich Frau Percht,
wie keine es kann.
Meine Angst fließt hinaus
und schließt sich ihr an..."

K.R.H.

6. Raunacht

30. Dezember

~ Denke nicht, sondern lasse entstehen ~

6. Raunacht - 30.12.

-Denke nicht, sondern lasse entstehen-

Gefühlen Raum geben

Name: Tag der Heiligen Familie

Die 6. Raunacht steht für den Monat Juni.

Diese Raunacht steht ganz im Zeichen der Gefühle. Manchmal ist es schwerer als geglaubt, über Emotionen zu reden, sie zu zeigen und zu leben. Wenn diese fröhlicher Natur sind, zeigen wir sie manchmal schon. Aber Trauer, Wut und Angst sind auch Gefühle, die gesehen werden wollen.

Gerade in den Raunächten geht es oft um Empfindungen, die wir nicht beschreiben können, wie das Gefühl der Nähe zu den Ahnen, um Geister oder um Angst. Gefühle, die wir sonst lieber wegschieben.

In dieser Nacht ist die Wintergöttin Frau Percht wieder unterwegs und hat unseren Vorfahren Angst gemacht. Sagen berichten, dass sie aus den Bergen ins Tal hinabsteigt und nach dem Rechten sieht.

Sie ist sehr gerecht, ähnlich wie unsere Frau Holle, die die Goldmarie belohnt und die Pechmarie bestraft. Frau Percht belohnt das Gute, also war nur der gefährdet, der Schuld auf sich geladen hatten.

Frau Percht beschützte Frauen und Kinder.

Trotzdem versuchte man, Frau Percht, die mit ihrem wilden Heer durch die Lüfte brauste, gütig zu stimmen. Dazu legte man kleine Köstlichkeiten oder besondere Gaben vor Türen oder auf die Fensterbänke.

Wer in dieser Raunacht einen Hasel- oder Holunderzweig schneidet, hat gutes Ausgangsmaterial für eine Zauber- oder Wünschelrute.

Gedanken zur Raunacht:

Heute kann man sich in Ruhe über seine Gefühle klar werden. Schauen Sie Ihre Familie an.

Wie sind Ihre Gefühle dazu?

Worüber ist neu nachzudenken?

Was kann mit einem Gespräch geklärt werden?

Wo können negative Gefühle bereinigt werden?

Nutzen Sie die letzten Tage im Jahr, um Gefühle loszulassen, damit neue aufkommen können.

So wie das Jahr endet und ein neues beginnt, gehen Gefühle und kommen andere in uns hoch.

Entzünden Sie am Ahnentischchen oder auf Ihrem Altar eine Räuchermischung und geben Sie Ihre Fragen und Ihre Gefühle im Rauch frei. Manche können Sie vielleicht einfach ziehen lassen? Bedenken Sie auch die Wintergöttin Frau Percht. Schenken Sie ihr eine Kleinigkeit. Entzünden Sie wieder die Kerze in Ihrem Fenster.

Beziehen Sie ihre Kinder in diese Raunachtsrituale ein. So geben wir das alte Kulturgut weiter. Fragen Sie, was Ihre Kinder geträumt haben. Machen Sie sich auch dazu Notizen. Feiern Sie mit den Kindern eine Waldweihnacht, es wird Ihnen allen gefallen.

Wovon haben Sie heute geträumt?

Haben Sie die Karte gezogen und sich Notizen zum Tag gemacht?

Denken Sie daran, Ihren Wunsch-Zettel zu verbrennen.

Räuchermischung:

Räuchern mit:

Kiefernharz, Eisenkraut, Thymian, Salbei

Bauernregeln:

Haben es die unschuldigen Kindlein kalt,

so weicht der Frost noch nicht so bald.

6. Raunacht

- Juni -

26. Wie war das Wetter heute?

....
....
....
....
....
....
....
....

27. Was habe ich geträumt?

....
....
....
....
....
....
....
....

28. Gab es Besonderheiten an diesem Tag?

....
....
....
....
....

29. Welche Tarot-Karte habe ich gezogen und was ist ihre Bedeutung?

....
....
....
....
....
....
....

30. Vergessen Sie nicht, einen der dreizehn Wunsch-Zettel zu verbrennen!

7. Raunacht

31. Dezember

~ In Liebe loslassen und sich auf den Neubeginn freuen ~

Hier ist Platz für
Ihre Familiengeheimnisse:
Rezepte, Geschichten, Traditionen.

____

____

____

____

____

____

____

____

____

____

Gedicht

zur 7. Raunacht

„Hört ihr auch das Brausen?
Das Tosen der himmlischen Macht?
Wodan lässt es sausen
und mit ihm die wilde Jagd.
Es stöhnt und heult,
faucht und kracht.
Der Rauch kommt nun ins Schwanken,
wabert hin und her
Ihr Geister, seid mir gnädig,
verratet mir noch mehr…!"

K.R.H.

7. Raunacht

31. Dezember

~ In Liebe loslassen und sich auf den Neubeginn freuen ~

7. Raunacht - 31.12.

-In Liebe loslassen und sich auf den Neubeginn freuen-

Sich von alten Denkmustern befreien

Name: Jahreswechsel, Silvester (Todestag des röm. Bischof Silvester)

Die 7. Raunacht steht für den Monat Juli.

Die Silvesternacht ist eine der kraftvollsten Raunächte!

Symbolisch ist sie die Mitte der staden Zeit. Heute wird die wilde Jagd mit Odin durch die Lüfte ziehen. Mit fürchterlichem Heulen und Stöhnen brausen die verstorbenen Seelen, die vorzeitig oder gewaltsam den Tod gefunden haben am Himmel entlang. Auch Pferde und Hunde zogen mit durch die Lüfte. Wegen der Wilden Jagd musste auf das Waschen von Wäsche in den Raunächten verzichtet werden. In dieser Raunacht ist der alte Brauch ganz besonders einzuhalten. Die Reiter der wilden Jagd konnten sich sonst ganz leicht in den Wäschestücken verfangen oder in den Leinen hängen bleiben. Dann fielen sie über die Frauen des Hauses her oder im nächsten Jahr war mit dem grausamen Ableben eines Hausbewohners zu rechnen.

Um sich zu schützen war es sinnvoll, sich bei den kleinsten Anzeichen, dass sich die wilde Jagd nähert, auf den Boden zu werfen und zu beten. Wer am Fenster den ungestümen Zug sah, war ebenfalls sehr gefährdet.

Die Silvesternacht galt als "dürre Nacht", eine Nacht in der gefastet wurde. Der Jahreswechsel galt der inneren Einkehr. Räucherungen und Gebete hatten Vorrang. Des Nachts wurde dann im Freien geböllert um das Böse auszutreiben. In alten Zeiten kannte man keine Böller, so wie wir heute. Es wurden Holzbretter aufeinander geschlagen, Schellen geschlagen oder Peitschen geknallt. Je lauter desto besser. Nur so konnte das Böse vertrieben werden.

Für die Naturgeister wurden Opfer in Form von Milch, Brot und Kuchen gebracht. Diese Opferungen wurden unter Obstbäumen oder in die Natur gestellt.

Den Jahreswechsel feiern wir heute mit Freunden und Familie. Einige Dinge sind aber gleich geblieben, wie

das Böllern und das Orakeln.
Alle Raunächte sind auch Orakelnächte. Ganz besonderen Wert hat aber die Silvesternacht.

Gedanken zur Raunacht:

In der Raunacht geht es heute auch um unser Gegenüber, um das DU. Dabei sollten wir uns selbst nicht vergessen. Damals haben wir Kinder bei unseren Nachbarn und Freunden gesungen. Ich erinnere mich an einen von mehreren Texten: "Heute ist Silvester, morgen ist Neujahr. Ich und meine Schwester sind schon wieder da...." Dafür bekamen wir Süßigkeiten oder kleine Geldstücke.

Die 7. Raunacht ist eine sehr kräftige Nacht. Nun wird mit dem Jahreswechsel alles Alte losgelassen und so Platz für einen guten Neubeginn geschaffen. Traditionell gießt man in der Silvesternacht Blei oder Wachs, um in die Zukunft zu schauen. Ziehen Sie Orakelkarten oder befragen Sie ein Pendel.

Es heißt, in der Silvesternacht gehen Träume in Erfüllung. In der 7. Raunacht kann es turbulent zugehen, weil der Teufel ein letztes Mal versucht, das Ruder in die Hand zu nehmen und die Geschicke zu lenken.

Räuchermischung:

Räuchern mit:

Zimtrinde, Beifuß, Johanniskraut, Salbei, Dammar

Bauernregeln:

Windstill muss Silvester sein,

soll der nächste Wein gedeih'n.

7. Raunacht

- Juli -

31. Wie war das Wetter heute?

……………………………………………………………

……………………………………………………………

……………………………………………………………

……………………………………………………………

……………………………………………………………

……………………………………………………………

……………………………………………………………

……………………………………………………………

32. Was habe ich geträumt?

……………………………………………………………

……………………………………………………………

……………………………………………………………

……………………………………………………………

……………………………………………………………

……………………………………………………………

……………………………………………………………

…………………………………………………………....

33. Gab es Besonderheiten an diesem Tag?

....

....

....

....

....

34. Welche Tarot-Karte habe ich gezogen und was ist ihre Bedeutung?

…………………………………………………………

…………………………………………………………

…………………………………………………………

…………………………………………………………

…………………………………………………………

…………………………………………………………

…………………………………………………

35. Vergessen Sie nicht, einen der dreizehn Wunsch-Zettel zu verbrennen!

8. Raunacht

1. Januar

~ Neubeginn – neue Entscheidungen treffen ~

Hier ist Platz für
Ihre Familiengeheimnisse:
Rezepte, Geschichten, Traditionen.

Gedicht

zur 8. Raunacht

„Es duftet nach Weihrauch,
doch ich gehe hinaus.
Hinaus an die Quelle,
in der Nähe vom Haus.
Ihr Murmeln kündet von neuen Dingen,
und plötzlich weiß ich,
mir wird alles gelingen…"

K.R.H.

8. Raunacht

1. Januar

~ Neubeginn – neue Entscheidungen treffen ~

8. Raunacht – 01.01.

–Neubeginn, neue Entscheidungen treffen–

Alles was kommt, kommt zur rechten Zeit.

Name: Neujahrstag

Die 8. Raunacht steht für den Monat August.

Heute darf der erste Schritt für das neue Jahr gemacht werden, die Karten werden wieder neu gemischt, alles ist möglich!

Die Stuben wurden nach altem Brauch mit Weihrauch ausgeräuchert. Man verschenkte in dieser Raunacht Glücksbringer, wie Kleeblätter, Schornsteinfeger, Hufeisen oder Glücksschweine. Lust und Fröhlichkeit sollten als Zeichen für ein gutes Jahr herrschen. Wer heute üppig isst, dem geht es das ganze Jahr gut und so durften am ersten Tag des neuen Jahres sogar die Mägde und Knechte mit am Tisch des Bauern sitzen und es sich gut gehen lassen.

Ein schöner alter Brauch: Am Neujahrstag geht man vor Sonnenaufgang an eine Quelle und streut Lavendelblüten. Diese Blüten mussten am Johannistag, am 24.06., geerntet und seitdem in der Westentasche getragen werden. Von diesem heiligen Wasser trank man zwölf Schlucke, damit man das ganze Jahr kein Unheil erleiden müsse.

Quellen galten immer als heilige Orte. Deshalb wurden Quellen und auch Brunnen an bestimmten Feiertagen festlich geschmückt. Denken Sie doch auch einmal an die Quellnymphen und danken ihnen für das Wasser, dass sie uns zur Verfügung stellen.

In anderen Regionen gehen heute unverheiratete junge Männer durch die Dörfer und singen. Sie sammeln Lebensmittel für eine gemeinsame Mahlzeit.

Gedanken zur Raunacht:

Mit dem Jahresbeginn haben die Raunächte zumindest rechnerisch ihren Höhepunkt überschritten. Heutzutage ist der 1. Januar ein Feiertag, an dem wir uns in Ruhe von der Silvesterfeier ausruhen dürfen. Meist ist es eher ein stiller Tag.

Machen Sie einen langen Waldspaziergang, begrüßen Sie das neue Jahr.

Wünschen Sie Ihren Lieben, Nachbarn und Freunden ein glückliches und gesundes neues Jahr.

Räuchern Sie die Wohnräume mit Beifuß aus. Öffnen Sie danach alle Fenster, um das Alte zu entlassen und Neues einzuladen.

Denken Sie über das neue Jahr nach - schmieden Sie Pläne.

An welchem Tag bekommt man sonst so viele gute Wünsche geschenkt?

Vergessen Sie nicht, Notizen in Ihr Raunachtsbuch zu schreiben. Sind Ihnen beim Spaziergang Tiere begegnet? Wie ist das Wetter am heutigen Tag?

Verbrennen Sie heute wieder einen der Wunsch-Zettel.

Räuchermischung:

Räuchern mit:

Pappelknospen, Weihrauch, Rose, Lavendel oder einfach mit Beifuß

Bauernregeln:

Neujahrstag still und klar,

deutet auf ein gutes Jahr.

8. Raunacht

- August -

36. Wie war das Wetter heute?

....
....
....
....
....
....
....
....

37. Was habe ich geträumt?

....
....
....
....
....
....
....
....

38. Gab es Besonderheiten an diesem Tag?

....
....
....
....
....

39. Welche Tarot-Karte habe ich gezogen und was ist ihre Bedeutung?

....
....
....
....
....
....
....

40. Vergessen Sie nicht, einen der dreizehn Wunsch-Zettel zu verbrennen!

9. Raunacht

2. Januar

~ Blick nach innen ~

Hier ist Platz für
Ihre Familiengeheimnisse:
Rezepte, Geschichten, Traditionen.

____

____

____

____

____

____

____

____

____

____

Gedicht

zur 9. Raunacht

„Hörst du die leise Stimme in dir?
Die, die dich beschützt
vor Falschheit und Gier?
Die, die dich tröstet in finsterer Nacht,
und die dich wärmt, mit dir singt
und manchmal auch lacht?
Sie ist für dich da,
doch du musst ihr lauschen.
Dann wird sie stark
und nicht nur ein Rauschen…"

9. Raunacht

2. Januar

~ Blick nach innen ~

9. Raunacht - 02.01.

- Blick nach innen-

Höre auf deine innere Stimme!

Name: Heiliger Gregor, Schlägelstag

Die 9. Raunacht steht für den Monat September

Heute beginnt nach all den Feiertagen für viele Menschen der berufliche Alltag wieder.

Früher mussten aber alle Waldarbeiten und die Arbeiten in den Schächten der Bergwerke, die wir hier im Harz oft haben, ruhen. Widersetzte man sich dem, lief man Gefahr, sich mit Waldgeistern, Waldmännchen, Kobolden oder Waldschraten anzulegen, die in grimmige Rachsucht verfallen könnten.

Kennen Sie die Gnome und Zwerge, die in Ihrem eigenen Garten wohnen? Ist man bei diesen in Ungnade gefallen, verstecken sie Werkzeug, das man abgelegt hat. So kann man manchmal eine Harke oder einen Spaten einfach nicht wiederfinden. Später dann, findet man sie an einem ganz anderen Platz im Garten wieder.

Dann hat man das "kleine Volk", die die unter der Erde wohnen, verärgert. Sollte das so sein, können Sie das kleine Volk mit einer Räucherung oder kleinen Opfern wieder gütig stimmen.

Gedanken zur Raunacht:

Am heutigen Tag sollten Sie auf ein gutes Bauchgefühl achten und es nutzen.

> Wann haben Sie denn das letzte mal auf Ihre Intuition gehört?
>
> Wann haben Sie auch so gehandelt?
>
> Wann hat es Sie beschützt?
>
> Lagen Sie damit auch schon falsch?

Tragen Sie in Ihr Raunachtsbuch Ihre Gedanken zum Thema Bauchgefühl ein.

Schreiben Sie Ihre Träume auf.

Zünden Sie eine Kerze oder ein Teelicht auf dem Ahnentischchen an.

Denken Sie liebevoll an Ihre Vorfahren, senden Sie Ihnen Räuchergüße.

Räuchermischung:

Räuchern mit:

gestoßene Wacholderbeeren, Lavendel mit Fichtenharz oder Nadeln von Tanne oder Fichte, Holunderblüten

Bauernregeln:

Ist der Januar hell und weiß,

wird der Sommer gerne heiß.

9. Raunacht

- September -

41. Wie war das Wetter heute?

……………………………………………………………
……………………………………………………………
……………………………………………………………
……………………………………………………………
……………………………………………………………
……………………………………………………………
……………………………………………………………
……………………………………………………………

42. Was habe ich geträumt?

……………………………………………………………
……………………………………………………………
……………………………………………………………
……………………………………………………………
……………………………………………………………
……………………………………………………………
……………………………………………………………
……………………………………………………………....

43. Gab es Besonderheiten an diesem Tag?

……………………………………………………………
……………………………………………………………
……………………………………………………………
……………………………………………………………
…………………………………………………

44. Welche Tarot-Karte habe ich gezogen und was ist ihre Bedeutung?

……………………………………………………………
……………………………………………………………
……………………………………………………………
……………………………………………………………
……………………………………………………………
……………………………………………………………
……………………………………………………

45. Vergessen Sie nicht, einen der dreizehn Wunsch-Zettel zu verbrennen!

10. Raunacht

3. Januar

~ Achtsamkeit ~

Hier ist Platz für
Ihre Familiengeheimnisse:
Rezepte, Geschichten, Traditionen.

____

____

____

____

____

____

____

____

____

____

Gedicht

zur 10. Raunacht

„Die Kerze flackert,
der Rabe geht um.
Er kündet von Sorge,
kümmer' dich drum.

Das Heulen der Nacht
ist schaurig und kalt.
Geh heute besser nicht in den Wald!

Rufe die Engel mit duftendem Rauch
Sie beschützen die Deinen
und die Wanderer auch..."

10. Raunacht

3. Januar

~ Achtsamkeit ~

10. Raunacht - 03.01.

- Achtsamkeit-

schau, was wird

Name: Caspar

Die 10. Raunacht steht für den Monat Oktober

Die Bezeichnung der Raunacht geht auf einen der Drei Heiligen Könige, auf Caspar/Kaspar zurück. Die drei heiligen Könige, Melchor, Balthasar und Caspar, sind die Schutzpatrone der Reisenden, Wanderer und Kaufleute. Wanderer und Reisende sind heute ganz besonders geschützt.

In den Raunächten gehen die Dämonen um, da streifen Wehrwölfe um die Häuser und Ställe, die Nachtmahre erschrecken die Menschen im Schlaf und bringen die Albträume zurück. Vor solchen schaurigen Gesellen konnte man sich mit brennenden Kerzen im Fenster schützen. Die Raunächte waren bei unseren Vorfahren dunkle, eisige Nächte voller unerklärlicher Phänomene, die zu keiner anderen Zeit so stark waren. Kerzenlicht und Räucherungen waren beliebte Rituale, um die Geister für die Zukunft zu bannen.

Gedanken zur Raunacht:

Heute ist ein guter Tag um kräftezehrende Projekte, die nicht vorankommen, genau anzuschauen.

Vielleicht sind sie es nicht wirklich wert, Körper und Seele zu belasten?

Welches Projekt muss aber doch zum Ende gebracht werden?

Was ist besser aufzugeben?

Was habe ich viel zu lange aufgeschoben?

Machen Sie sich Notizen zu diesem Thema.

Wovon haben Sie geträumt?

Welche Karte haben Sie heute gezogen?

Dies alles steht für den Monat Oktober.
Seien Sie gespannt!

Räuchermischung:

Räuchern mit: Engelwurz, Alant, Weihrauch

Bauernregeln:

Januar kalt und rau,

nutzt dem Getreidebau.

10. Raunacht

- Oktober -

46. Wie war das Wetter heute?

……………………………………………………………
……………………………………………………………
……………………………………………………………
……………………………………………………………
……………………………………………………………
……………………………………………………………
……………………………………………………………
……………………………………………………………

47. Was habe ich geträumt?

……………………………………………………………
……………………………………………………………
……………………………………………………………
……………………………………………………………
……………………………………………………………
……………………………………………………………
……………………………………………………………
……………………………………………………………

48. Gab es Besonderheiten an diesem Tag?

……………………………………………………………
……………………………………………………………
……………………………………………………………
……………………………………………………………
…………………………………………

49. Welche Tarot-Karte habe ich gezogen und was ist ihre Bedeutung?

……………………………………………………………
……………………………………………………………
……………………………………………………………
……………………………………………………………
……………………………………………………………
……………………………………………………………
…………………………………………

50. Vergessen Sie nicht, einen der dreizehn Wunsch-Zettel zu verbrennen!

11. Raunacht

4. Januar

~ Dankbarkeit ~

Hier ist Platz für
Ihre Familiengeheimnisse:
Rezepte, Geschichten, Traditionen.

Gedicht

zur 11. Raunacht

„Was flutet dich mit Herzenswärme,
ist immer hell,
so wie die Sterne?
Was kommt zurück in jedem Fall?
Ist nie vergebens überall?
Vergessen sollten wir zu keiner Zeit,
die gute schlichte Dankbarkeit."

11. Raunacht

4. Januar

~ Dankbarkeit ~

11. Raunacht - 04.01.

-Dankbarkeit-

Zeit sinnvoll nutzen

Name: Melchior (einer der Drei Heiligen Könige)

Die 11. Raunacht steht für den Monat November.

Wir sind in der Zeit zwischen den Jahren weit vorangeschritten. Heute ist die vorletzte Raunacht. Diese Dunkelnacht steht für die Dankbarkeit.

Dankbar zu sein für ganz einfache Dinge. Das war in einer entbehrungsreichen Zeit sicher nicht immer einfach, trotzdem war man für die kleinen Dinge offener und dankbarer als heute.

Alle Menschen, die in den Raunnächten geboren sind, wird Glück und Hellsichtigkeit vorausgesagt. Sie können auch Wehrwölfe, Hexen, Teufel und andere Dämonen erkennen. Wer am heutigen Tage seinen Geburtstag feiert, der kann sich glücklich schätzen, er gilt als Glückskind.

Gedanken zur Raunacht:

Nutzen Sie die vorletzte Raunacht sinnvoll.

Bald schließen sich die Tore in die andere Welt wieder. Gehen Sie nochmals in Kontakt zu Ihren Ahnen. Entzünden Sie eine Kerze für sie.

Räuchern Sie sich selbst ab.

Drehen Sie sich mit der glimmenden Räucherschale, gefüllt mit weißem Salbei oder einer Räuchermischung, dreimal um sich selbst.

Überlegen Sie dann:

> Wer oder was tut Ihnen nicht gut?
>
> Wer oder was tut Ihnen gut und Sie haben das bisher nicht genutzt?
>
> Wie können Sie da Dankbarkeit ausdrücken?
>
> Welche Angewohnheiten möchten Sie hinter sich lassen?

Schreiben Sie noch einmal nieder, was Ihre Wünsche für das neue Jahr sind.

Die Zeit der Stille ist nun fast vorbei.

Verbrennen Sie den vorletzten Wunsch-Zettel.

Was haben Sie geträumt?

Wie war das Wetter heute? Es steht für den Monat November.

Welche Tarot-Karte haben Sie heute gezogen?

Räuchermischung:

Räuchern mit: Sternanis, Zimt, Beifuß, Weihrauch, Fichtenharz

Bauernregeln:

Knarrt an Melchior viel Eis und Schnee,

gibt´s zur Ernt viel Korn und Klee.

11. Raunacht
- November -

51. Wie war das Wetter heute?

....
....
....
....
....
....
....
....

52. Was habe ich geträumt?

....
....
....
....
....
....
....
....

53. Gab es Besonderheiten an diesem Tag?

....
....
....
....
....

54. Welche Tarot-Karte habe ich gezogen und was ist ihre Bedeutung?

....
....
....
....
....
....
....

55. Vergessen Sie nicht, einen der dreizehn Wunsch-Zettel zu verbrennen!

12. Raunacht

5. Januar

~ Weisheit ~

Hier ist Platz für
Ihre Familiengeheimnisse:
Rezepte, Geschichten, Traditionen.

____

____

____

____

____

____

____

____

____

____

Gedicht

zur 12. Raunacht

„Wenn denn einst
in fernen Tagen,
auch meine Zeit zu Ende geht,
dann will ich von mir sagen:
‚Ich weiß, wie diese Welt sich dreht!‘.

Will sie dann noch immer lieben,
trotz allem Ungemach.
Und in Dankbarkeit und Liebe,
folge ich den Ahnen nach.“

12. Raunacht

5. Januar

~ Weisheit ~

12. Raunacht - 05.01.

-Weisheit-

Wissen suchen

Name: Balthasar, Nacht der Wunder, stärkste Rau(ch)nacht

Die 12. Raunacht steht für den Monat Dezember.

Die Raunächte enden heute, und so hat diese Nacht noch einmal ganz besondere Energien. In manchen Gegenden finden heute die Perchtenumzüge statt. Das Böse, die dunklen Mächte werden heute noch einmal mit aller Macht aufbegehren, ehe sich die Tore für eine lange Zeit wieder schließen.

Weil es eine ganz besonders starke Wolfsnacht ist, wurden Opfer gebracht. Schälchen gefüllt mit Milch, Räucherungen oder Kerzen in jedem Fenster, schützten vor den bösen Mächten. Um Mitternacht in der Dreikönigsnacht (vom 5. auf den 6.01.) sollten alle Fenster weit geöffnet werden, um den Dreikönigswind einzulassen, der alles Übel aus den Räumen fegte.

Am Dreikönigstag kommen dann die Sternsinger, die mit geweihter Kreide C + M + B (Christus mansionem benedicat = Christus segne dieses Haus) und die Jahreszahl über Haus- und Stalltüren schreiben und somit das Haus und seine Bewohner für ein Jahr lang schützen.

Gedanken zur Raunacht:

In der letzten Raunacht haben Sie noch einmal die Chance zur Bereinigung von Dingen, die Sie nicht glücklich machen. Schließen Sie damit ab. Ehren Sie heute Ihre Ahnenreihe. Schenken Sie ihnen Dankbarkeit.

Ziehen Sie die zwölfte und letzte Orakelkarte. Sie steht sinnbildlich für den Monat Dezember. Verbrennen Sie den letzten Wunsch-Zettel.

Räuchermischung:

Räuchern mit: Engelwurz, Nelke, Mistel, Lavendel und Weihrauch

Bauernregeln:

Ist heilig drei König hell und weiß,
kommt Frühling ohne Eis,
wird der Sommer sicher heiß.

12. Raunacht
- Dezember -

56. Wie war das Wetter heute?

……………………………………………………………………
……………………………………………………………………
……………………………………………………………………
……………………………………………………………………
……………………………………………………………………
……………………………………………………………………
……………………………………………………………………
……………………………………………………………………

57. Was habe ich geträumt?

……………………………………………………………………
……………………………………………………………………
……………………………………………………………………
……………………………………………………………………
……………………………………………………………………
……………………………………………………………………
……………………………………………………………………
……………………………………………………………………

58. Gab es Besonderheiten an diesem Tag?

……………………………………………………………………
……………………………………………………………………
……………………………………………………………………
……………………………………………………………………
……………………………………………………

59. Welche Tarot-Karte habe ich gezogen und was ist ihre Bedeutung?

……………………………………………………………………
……………………………………………………………………
……………………………………………………………………
……………………………………………………………………
……………………………………………………………………
……………………………………………………………………
……………………………………………………………

60. Vergessen Sie nicht, einen der dreizehn Wunsch-Zettel zu verbrennen!

~Tipp~

Für Ihre Raunachtsaufzeichnungen in den folgenden Jahren empfehlen wir ergänzend das, zu diesem Buch passende, "Mystische Raunächte-Tagebuch": ISBN 978-3-943455-54-0

(ab September 2022)

Neustart

Ich lebe mein Leben

Ich lebe mein Leben in wachsenden Ringen,
die sich über die Dinge ziehen.
Ich werde den letzten vielleicht nicht vollbringen,
aber versuchen will ich ihn.

Ich kreise um Gott, um den uralten Turm,
und ich kreise jahrtausendelang;
und ich weiß noch nicht: bin ich ein Falke, ein Sturm
oder ein großer Gesang.

Rainer Maria Rilke

6.

Der Neustart

Mit dem heutigen Drei-Königs-Tag sind die Raunnächte vorbei.

Die Tore in die andere Welt verschließen sich und bleiben für eine lange Zeit geschlossen.

Mit jedem Tag merken wir nun deutlich, dass das Licht zunimmt und die Tage heller werden. Die Sonne hat über die Dunkelheit gesiegt. Nun dauert es nicht mehr lange und die ersten Samen beginnen zu keimen, die ersten Knospen brechen auf und der Kreislauf des Jahres beginnt von vorne.

Sie dürfen heute aus Ihrer 13-Wünsche-Box den letzten Zettel entnehmen, ausrollen und schauen, um welchen Wunsch Sie sich nun selbst kümmern müssen. So steigen Sie gut in das neue Jahr ein.

Nehmen Sie ihr Raunachtsbüchlein immer wieder zur Hand und schauen Sie in jedem Monat, was Sie notiert haben.

Wie sind ihre Wettervorhersagen - treffen Sie ein?

Was sagen Ihre Träume über den Monat aus?

Welche Bedeutung hatte Ihre Tarotkarte für den Monat?

Haben Sie in den Raunächten Tiere getroffen?

Unterstützen die das Thema des Monats?

Und zum Schluss...

Kümmern Sie sich gut um Ihren 13. Wunsch?

Ich hoffe, ich konnte Ihnen die Raunächte mit dem wilden Zauber etwas näherbringen und Sie hatten eine wundervolle Zeit.

Schauen Sie immer einmal wieder in Ihre Aufzeichnungen und lassen Sie sich überraschen. Ich freue mich über Rückmeldungen von Ihnen.

Möge das neue Jahr für Sie so zauberhaft weitergehen, wie es begonnen hat. Verleben Sie viele glückliche Stunden und genießen Sie Mutter Natur!

Ihre Kräuterfrau

Simone Detto

Die Harz-Bestseller mit Erlebnis- und Eventcharakter

Kathrin R. Hotowetz – Simone Detto
Mystische Plätze ~ Magische Pflanzen

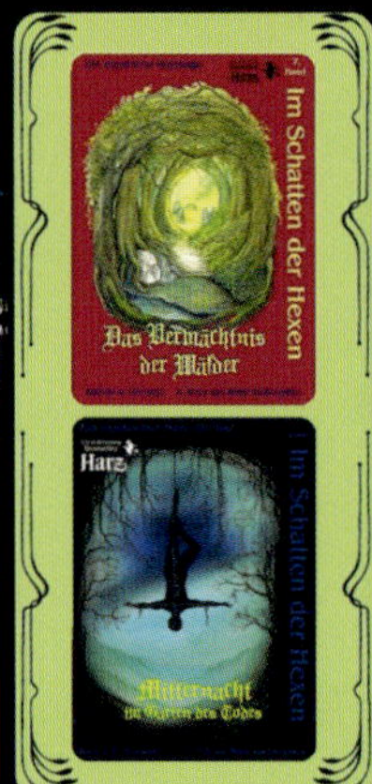

Simone Detto – Heike Wolff
Mystische Nächte ~ Magische Rituale
~Eine Reise durch die Raunächte~

Es geschieht in den Tiefen des Harzes vor über 300 Jahren... und jetzt!

Runenrätsel, mystisches Kräuterwissen und Kriminaltechnik im finalen Kampf gegen das unsagbar Böse

Im Schatten der Hexen ©

Crime & Fantasy Bestseller
Harz

von Kathrin R. Hotowetz

Es geschieht in den Tiefen des Harzes vor über 300 Jahren ... und jetzt!

Ungemein packend, mit dichter Atmosphäre entführt dieser fesselnde Fantasy-Krimi mit atemloser Spannung in eine Welt zwischen tiefem Mittelalter und düsterer Gegenwart.

Harzbuch des Jahres

ausgezeichnet: Band 1 durch "Hexe - Das Harzmagazin" 2012

Geistmühle Verlag www.eibenspiegel.de
info@geistmuehle.de ~ Tel. 03941 / 601629
www.im-schatten-der-hexen.de

Kathrin R. Hotowetz

Im Schatten der Hexen ©

Harz Crime & Mystery-Bestseller

~SCHMUCK-EDITION~

Runenrätsel, mystisches Kräuterwissen und Kriminaltechnik im finalen Kampf gegen das unsagbar Böse.

Die Harzbestseller als Hardcover

Antikledertouch, Shabbylook, Goldprägung, Stofflesezeichen, Fadenbindung

ab 19,95 €

MDR - Fernsehen "MDR um 11" am 30.7.2021
"Gänsehaut garantiert!
Kultbücher aus dem Harz von Kathrin Hotowetz

Im Schatten der Hexen

Der Hexenzyklus

~ Hexenring ~

Band 1

Eines Abends im Oktober erzählt Gerda Hoffmann ihren Enkelkindern die Geschichte vom Hexenring, einer uralten Prophezeiung aus längst vergangenen Tagen, die fast gänzlich in Vergessenheit geraten ist. Sie gibt ihnen einen seltsamen Tee zu trinken und warnt sie vor den tiefen Wäldern des Harzes, der direkt vor ihrer Haustür beginnt.

Was den Kindern anfangs nur wie eine weitere Geschichte ihrer Oma erscheint, ist Gerda Hoffmann jedoch tiefer Ernst, denn sie erkennt die Zeichen in ihren Karten und befürchtet, dass sich die Geschichte zu wiederholen beginnt.

Zur gleichen Zeit grübelt auch Kommissar Joachim Breitner über das spurlose Verschwinden zweier Kinder und ist absolut ratlos, als ein drittes vermisst wird. Ein Tipp seiner jungen Kollegin Anita führt ihn in die alte Mühle zu Frau Hoffmann. Doch was er hier zu hören bekommt, übersteigt sein Vorstellungsvermögen bei weitem. Aber erst als er seine Bedenken über Bord wirft und den Ermittlungsergebnissen von Sabine Bellmann, einer ebenso schüchternen, wie klugen Kommissarin aus dem Westharz folgt, kommen sie auf die Spur des Hexenringes. Diese führt sie bis in die Urwälder des Harzes.

Und sie werden schon erwartet ...

ISBN 978-3-943455-00-7

~ Hexenjahr ~

Band 2

Scheinbar sind alle Probleme gelöst. Die Schatten des Bösen sind verschwunden. Nur Gerda Hoffmann hat das untrügliche Gefühl, dass es nicht vorbei ist. Sie kann es nicht benennen, doch ihre Intuition sagt ihr:
Sei wachsam!

Die eigenartige Ruhe, die sich über den Harz gelegt hat, macht sie zunehmend nervös. Aber jede Spur endet im Nebel. Sie und ihre neuen Freunde versuchen lange vergebens, die Ursache für diese unerklärlichen Gefühle zu finden.

Sie tauchen tiefer und tiefer in die Vergangenheit ein und kommen einem Geheimnis auf die Spur, das sie immer mehr auf die uralten, verschollenen Pfade ihrer Heimat führt. Und was sie finden, ist ungeheuerlich.

Doch erst als es fast zu spät ist, verstehen sie plötzlich:
Sie sind wieder da und greifen erneut nach unserer Welt.

ISBN 978-3-943455-55-7

~ Hexenjagd ~

Band 3 **Die Ahnenreise**

Band 4 **Der Eibenspiegel**

Sabine Bellmann, die naturverbundene Kommissarin aus dem Harz, wird von einer tiefen Unruhe erfasst und schnell weiß sie, was es ist:

Jagdfieber !

Ihr Ziel: Sie will Arbocusta in den Wäldern aufscheuchen, um die Hexen endgültig zu vernichten. Doch noch hat sie keine Spur, die sie verfolgen kann.

Eines Abends jedoch begegnet ihr an den Gegensteinen ein seltsamer Hirte, der ihr eine uralte, überlieferte Geschichte erzählt, welche er von den Köhlern des Harzes gehört hat.

Er berichtet von einem längst versunkenen magischen Platz im Harz, dem Wald der tanzenden Bäume und er scheint den Weg zu kennen, wie man dort hinkommt.

Trotz aller Zweifel und Gefahren, denen sich Sabine Bellmann gegenüber sieht, tritt sie mit seiner Hilfe die abenteuerlichste Reise ihres Leben an.

Und was sie von dort mitbringt, ist weitaus mehr als nur ein Jahrtausende altes Rätsel ...

ISBN 978-3-943455-70-0 ISBN 978-3-943455-75-5

Crime & Fantasy Bestseller Harz

Kathrin R. Hotowetz

"Volksstimme" (Harzausgabe) 24.6.2019

>Setzt der Region in Ihren Hexen-Krimis ein Denkmal: Kathrin R. Hotowetz.<

HarzKurier 15.04.2013

>Das Buch liest sich spannend und erinnert in seiner Intensität an Dan Brown's 'Illuminati'.<

Hexe - Das Harzmagazin 11/2016

>... K. R. Hotowetz zählt wohl spätestens seit ihrem dritten Roman "Hexenjagd" zu den ambitioniertesten deutschen Crime & Fantasy - Schriftstellerinnen.<

Der Mitternachts-Zyklus

Mitternacht im Garten des Todes

Band 5

Sechs Jahre sind vergangen,
seitdem unheimliche Wesen den Harz heimsuchten.
Doch nun gibt es neue merkwürdige Vorkommnisse,
die Kommissar Sattler aus Nordhausen beschäftigen.

Ein Mord ohne Leiche und ein alter ungelöster Fall
machen ihm zu schaffen.

Obwohl scheinbar kein Grund besteht, den wenigen
Spuren zu folgen, will er dem Vorfall auf der Burgruine
in Questenberg auf den Grund gehen,
denn einen zweiten ungelösten Fall in seiner Karriere
wird er nicht zulassen.
Alle seine Spuren enden jedoch immer wieder auf
dem Festgelände einer Wanderausstellung entlang des

Harzer-Hexen-Stieges

und sie ergeben einfach keinen Sinn, bis er einen Kollegen aus
Goslar, Kalle Rogge, trifft,
der ihm unglaubliche Dinge erzählt.

Mit seiner Hilfe kommt er auf die Spur eines
uralten Grauens in den Tiefen der Berge.

„Mitternacht im Garten des Todes“ ist der erste Band des
"Mitternachtszyklus" der den "Hexenzyklus" fortsetzt, der zweite
wird den Titel "Das versunkene Heiligtum" tragen.

Der "Mitternachtszyklus"
in der Reihe "Im Schatten der Hexen" wird 4 Bücher umfassen.

Das versunkene Heiligtum

Band 6

Sabine und ihre Tochter sind spurlos verschwunden,
Gerda Hoffmann und Minchen in den
Tiefen des Harzes untergetaucht.

unterdessen machen die Kommissare Kalle Rogge und Moritz
Sattler eine sehr beunruhigende Entdeckung im Karstgebirge,
die ihre bisherigen Erkenntnisse
in einem völlig neuen Licht erscheinen lassen.

Ein Vers in einem Gedicht,
welcher auf eine uralte Kultstätte,
den "Tempel der Sterne",
hinweist, gewinnt zunehmend an Bedeutung.

Niemand hat je von ihm gehört und auch sonst scheint
dieses Heiligtum längst versunken zu sein.
Doch je länger sich alle mit den neuen Fakten befassen, desto
mehr erkennen sie,
dass diese vergessene Kultstätte
der Schlüssel für all die neuen Rätsel ist
und sie ohne deren Entdeckung keine Chance
haben werden, diese zu lösen.

"Das versunkene Heiligtum"
ist der zweite Band des ~Mitternachtszyklus~,
die Fortsetzung des preisgekrönten ~Hexenzyklus~
und der sechste Band der Reihe
~Im Schatten der Hexen~ von K. R. Hotowetz.

Das Vermächtnis der Wälder

Band 7

Die Kommissare Kalle Rogge, Moritz Sattler und
Joachim Breitner fahnden fieberhaft nach den
Mördern von Andreas Nehrkorn, als neue,
verstörende Ereignisse den Harz erschüttern.

Ein Hinweis lässt schließlich alle Beteiligten nach einem
sagenumwobenen, verschollenen Vermächtnis suchen,

dem Vermächtnis der Wälder,

einem tief im Harz verborgenen Geheimnis,
das vielleicht alles erklären würde.

Doch werden sie es rechtzeitig finden,
bevor sich erneut eine
abgrundtief böse und uralte Macht erhebt?

„Das Vermächtnis der Wälder“
ist der siebte Band der Harz-Saga
„Im Schatten der Hexen“ und führt
die Fäden aller sechs vorherigen Bände nun
zusammen zu einem allumfassenden Mysterium.

MDR Fernsehen "Sachsen-Anhalt heute" 17.11.2017

"Geschickt spielt Kathrin Hotowetz mit unseren Urängsten."

BILD - ZEITUNG vom 1.08.2020

"WO DER HARZ ZUM KRIMI WIRD"
"Beim Schreiben lässt sich Kathrin Hotowetz von archäologischen Funden inspirieren."

Halberstädter Volksstimme vom 25.10.2014

> So kann Tourismuswerbung auch aussehen! <

Angebote und Informationen

- Geführte Wanderungen, Themenwanderungen
- Oldtimer-Busrundfahrten
- Wanderstempel
- E-Bike-Touren
- Special Events (Yogaführungen, Kräuterwanderungen, Vorträge zu Alternativmedizin usw.)

Aktuelle Termine und weitere Informationen erhalten Sie auf der Webseite und in den beteiligten Touristinformationen.

www.dasversunkeneheiligtum.de

Das Angebot wurde in Kooperation der Städte Blankenburg, Halberstadt, Thale mit „Im Schatten der Hexen" (Geistmühle Verlag) entwickelt.

Touristinformation Blankenburg (Harz)
Telefon: +49 3944 362260
E-Mail: touristinfo@blankenburg.de
www.blankenburg.de

Halberstadt Information
Telefon: +49 3941 551815
E-Mail: halberstadt-info@halberstadt.de
www.halberstadt-tourismus.de

Bodetal-Information THALE
Telefon: +49 3947 7768 00
E-Mail: info@bodetal.de
www.bodetal.de/reiseservice/touristinformation/

Text/Idee: Kathrin R. Hotowetz und Axel Steinbach, Geistmühle Verlag, info@geistmuehle.de, www.eibenspiegel.de

Fotos: Stefan Herfurth, Marko Sandro Schüren, Marcel Lieben, Nicole Becke
Werner Körner - Titelbild: Andy Jahr
Stand: 07_2019

Harz

Das versunkene Heiligtum

Begeben Sie sich auf eine mystische Reise zu den jahrtausendealten Kultstätten im Harz

www.dasversunkeneheiligtum.de

Harz

Fast vergessene Kultstätten

Seit dem Jahr 2011 lässt sich ein bundesweites Literaturpublikum von den Harzer Mystery & History Bestsellern »Im Schatten der Hexen« fesseln.
Die Leser tauchen begeistert ein in spannende Zusammenhänge zwischen geschichtlichen Ereignissen, überlieferten Mythen, Harzer Sagen und aktuellen Spannungsgeschichten.
Spektakuläre geografische und geologische Besonderheiten dienen als Kulisse für den sechsten Band »Das versunkene Heiligtum«, ebenso wie eine Vielzahl vorchristlicher Kultstätten, die speziell im Harzvorland zwischen Blankenburg, Halberstadt und Thale liegen.
Fakt ist, dass atemberaubende Felsformationen wie die Teufelsmauer oder die Klusfelsen unsere Vorfahren schon immer dazu inspiriert haben, hier das Werk der Götter zu verehren. An diesen dominanten Stellen im Gelände wurde den Göttern gehuldigt und geopfert.
Noch heute können hier Spuren unserer jahrtausendealten Kultur entdeckt werden. Erst jetzt aber lassen Forschungen vermuten, dass diese fantastischen Kultstätten nicht separat zu betrachten sind, sondern eine komplexe Ganzheit dahinter zu stehen scheint. Die Begebenheiten und Zusammenhänge scheinen so zwingend, dass nicht davon ausgegangen werden kann, beim hier vorgestellten Heiligtum handele es sich nur um ein Fantasieprodukt.
Nicht erst seit dem Fund der Himmelsscheibe von Nebra ist bekannt, dass unsere Vorfahren sich mit dem Lauf der Gestirne und dem jahreszeitlichen Wandel sehr gut auskannten. Doch dass ein gesamtheitlich zusammenhängendes Heiligtum von über 20 Kilometern Ausdehnung hier im Vorharz sein Zuhause hat, mag viele ungläubig staunen lassen. Dennoch ist dieses Szenario nicht nur der Feder der Schriftstellerin Kathrin Hotowetz und den Gedanken des Heimatforschers Walter Diesing entsprungen. Jüngste Funde bei Ausgrabungen im Zuge des Fernstraßenbaus scheinen dieses Szenario eines »Heiligtums« mehr und mehr zu bestätigen.
Das Heiligtum umfasst zwölf eindrucksvolle, natürliche Felsformationen. Das Besondere ist, dass sich jeweils zwei davon genau gegenüberliegen und alle zwölf einen gemeinsamen Mittelpunkt haben. Diese zwölf Orte sollen bestimmten Göttern gewidmet und so angeordnet sein, dass sie unseren Himmel mit seinen zwölf Tierkreiszeichen widerspiegeln. Zudem stehen zahlreiche weitere Kultstätten und Kraftplätze in direkter Beziehung und Nähe.

Folgen Sie uns auf den Spuren unserer Vorfahren!
Besuchen Sie die versteckten, fast vergessenen Kultstätten und Kraftplätze unserer Ahnen und erspüren Sie den Geist einer längst versunkenen Kultur.

~Seelenjagd~

Ein mystischer Rauhnachtskrimi

Viele nennen dieses Buch auch: Band 7.5

Ein Rauhnachtskrimi für heimelige Stunden bei einer dampfenden Tasse Kaffee oder Tee, einer süßen Leckerei und einer kuscheligen Decke.

Gerda Hoffmann, all ihre Lieben und ihre befreundeten Kommissare sehen sich in tief verschneiten Raunächten mit dem Bösen konfrontiert.

Ein atmosphärischer Cross-over zur Kult-Reihe ~Im Schatten der Hexen~ und eine spannende Ergänzung zum Raunachtsbuch "Mystische Nächte - Magische Rituale" von S. Detto.

~Informationen~

zur Buchreihe

Kontakt: verlag@geistmuehle.de
Anfrage zu Lesungen: verlag@geistmuehle.de
Shop: www.eibenspiegel.de
Ferienwohnungen: www.geistmuehle.de
fewo@geistmuehle.de
Seminare: seminare@geistmuehle.de

Veranstaltungstermine:
www.dasversunkeneheiligtum.de

Hier finden Sie Kathrin R. Hotowetz auf "Instagram"	Hier finden Sie den Shop der Autorin: "Eibenspiegel.de"	Hier finden Sie Kathrin R. Hotowetz auf "facebook"
@KATHRINHOTOWETZ		

Geistmühle

Geistmühle Verlag ~ www.eibenspiegel.de
info@geistmuehle.de ~ Tel. 03941 / 601629
www.im-schatten-der-hexen.de

Historische Geistmühle

Ferienwohnungen am See

Machen Sie Urlaub in der Krimi-Location zu

Im Schatten der Hexen

Geistmühle Halberstadt
Kathrin Hotowetz
Am Anger 2, 38820 Halberstadt
Telefon: 03941 - 601629
info@geistmuehle.de
www.geistmuehle.de

Der Harz Krimi-Almanach

Kamingeschichten aus der Geistmühle

Spannende, kleine Kriminalgeschichten aus dem Harz zu jahreszeitlichen Ereignissen aus der Feder von Kathrin R. Hotowetz.

Mit passenden Rezepten leckerer Speisen und Liköre, sowie Interessantem zu regionalen Brauchtümern.

ISBN 978-3-943455-120

ISBN 978-3-943455-021

ISBN 978-3-943455-526

ISBN 978-3-943455-625

Geistmühle Verlag - www.eibenspiegel.de

Kathrin R. Hotowetz – Simone Detto

Mystische Plätze ~ Magische Pflanzen

~Im Schatten der Hexen~

Edition Leben & Natur

Bisher im Geistmühle-Verlag erschienene Titel von Kathrin R. Hotowetz

Im Schatten der Hexen

Crime & Fantasy Bestseller Harz

~Der Hexenzyklus~ („1. Staffel" – abgeschlossen)

~Hexenring~ ISBN 978-3-943455-00-7 (Band I) / Hardcoveredition: ISBN 978-3-943455-08-3

~Hexenjahr~ ISBN 978-3-943455-55-7 (Band II) / Hardcoveredition: ISBN 978-3-943455-38-0

~Hexenjagd~:

Teil 1 ~ Die Ahnenreise~
ISBN 978-3-943455-70-0 (Band III) / Hardcoveredition: ISBN 978-3-943455-83-0

Teil 2 ~Der Eibenspiegel~
ISBN 978-3-943455-75-5 (Band IV) / Hardcoveredition: ISBN 978-3-943455-82-3

~Der Mitternachtszyklus~ („2. Staffel" – abgeschlossen)

~Mitternacht im Garten des Todes~ ISBN 978-3-943455-20-5 (Band V)

~Das versunkene Heiligtum~ ISBN 978-3-943455-25-0 (Band VI)

~Das Vermächtnis der Wälder ISBN 978-3-943455-77-9 (Band VII)

~Das Geheimnis des Drachentempels~ ISBN 978-3-943455-97-7 (Band VIII)

Sonderband: ~Seelenjagd~ (Band „7.5")
„Ein Raunachtskrimi" (spielt zwischen den Bänden 7 und 8) ISBN 978-3-943455-24-3

Weitere Romane der ~Im Schatten der Hexen~ Reihe folgen.

Edition ‚Leben und Natur':

Simone Detto: ~Mystische Nächte – Magische Rituale~ (mit 12 Gedichten von K. R. Hotowetz) ISBN 978-3-943455-43-4

Simone Detto / Kathrin R. Hotowetz: ~Mystische Plätze – Magische Pflanzen~ ISBN 978-3-943455-49-6

Simone Detto / Kathrin R. Hotowetz: ~Mystische Bäume – Magische Wesen ~ ISBN 978-3-943455-69-4 (ab Frühsommer 2025)

~Harz Krimi-Almanach~ Reihe von Kathrin R. Hotowetz

Band 1: Kamingeschichten aus der Geistmühle ~Weihnachtszeit~ ISBN 978-3943455-12-0
Band 2: Kamingeschichten aus der Geistmühle ~Mittsommer~ ISBN 978-3943455-02-1
Band 3: Kamingeschichten aus der Geistmühle ~Halloween~ ISBN 978-3943455-52-6
Band 4: Kamingeschichten aus der Geistmühle ~Walpurgisnacht~ ISBN 978-3943455-62-5
Sonderband: ~Seelenjagd~ (spielt nach Band 4) „Ein Raunachtskrimi" ISBN 978-3943455-24-3